Student Activities Manual, Practice

to Accompany

Segunda edición

María José de la Fuente
Ernesto Martín Peris
Pablo Martínez Gila
Neus Sans Baulenas

Upper Saddle River, NJ 07458

Executive Editor: Bob Hemmer
Editorial Assistant: Debbie King
Executive Director of Market Development: Kristine Suárez
Director of Editorial Development: Julia Caballero
Development Editor for Assessment: Melissa Marolla Brown
Production Supervision: Nancy Stevenson
Project Manager: Angelique Amig, GGS Book Services
Assistant Director of Production: Mary Rottino
Supplements Editor: Meriel Martínez Moctezuma
Media Editor: Samantha Alducin
Media Production Manager: Roberto Fernandez
Prepress and Manufacturing Buyer: Christina Amato
Prepress and Manufacturing Assistant Manager: Marianne Gloriande
Cover Art Director: Jayne Conte
Senior Marketing Manager: Jacquelyn Zautner
Marketing Coordinator: William J. Bliss
Publishing Coordinator: Claudia Fernandes
Publisher: Phil Miller

This book was set in 11/13 Stone Sans Semibold by GGS Book Services and was printed and bound by Bind-Rite Graphics. The cover was printed by Bind-Rite Graphics.

Printed in the United States of America
10 9 8 7 6 5 4 3 2 1

ISBN: 0-13-194415-0

Pearson Education LTD., London
Pearson Education Australia PTY, Limited, Sydney
Pearson Education Singapore, Pte. Ltd
Pearson Education North Asia Ltd., Hong Kong
Pearson Education Canada, Ltd., Toronto
Pearson Educatión de México, S.A. de C.V.
Pearson Education — Japan, Tokyo
Pearson Education Malaysia, Pte. Ltd
Pearson Education, Upper Saddle River, New Jersey

Contents

Introduction

This Student Activities Manual consists of 22 chapters that correspond to the chapters in the student textbook.

Its main purpose is to solidify students' knowledge and skills acquired through the activities in the textbook. Designed to achieve this goal, the manual is composed of activities that stress the particular aspects of the linguistic system (phonetics, morphosyntax, vocabulary, orthography, discursive and textual functional structures, etc.) that are practiced in the textbook.

The manual is written with a focus on individual practice and on the development of learning strategies, and can be completed in or out of class.

The **Autoevaluación** section has a set structure. It allows students and, if needed, instructors, to reflect on their progress.

The final section, **Diario personal,** provides a less-structured method of self-evaluation. In earlier chapters, the diary contains fill-ins and multiple-choice answers in order to offer students more guidance. As the chapters progress, the structure becomes more open-ended and flexible.

1 gente que estudia español

Nombre: ______________________________ Fecha: ____________________

1-1 You will hear a list of names. Check off the ones that are mentioned.

	Nombre	1er Apellido	2º Apellido	N está en la lista
Cobos		✓		
Castaño				
Miguel				
María José				
Flores				
Aguirre				
Vázquez				
Isabel				
Domínguez				
Pujante				

1-2 Cross off the numbers you hear, as in the example below.

LOTERÍA – Serie	Nº
2	70943
2	26500
2	47658
2	00561
3	09542
3	53682
3	78023
3	56091
4	38294
4	56091
4	08210
4	47352

Nombre: ______________________ Fecha: ______________________

1-3 **Which last names are they spelling? Listen and write the corresponding number on the tag.**

1-4 **Look at the list of topics on page 4 of your textbook. Group them into three categories, ranging from topics that interest you most to those that interest you least. Are there any other topics that interest you? You can use the dictionary.**

Nombre: ______________________________ Fecha: ____________________

1-5 **Number the words below in the order in which you hear them spelled out.**

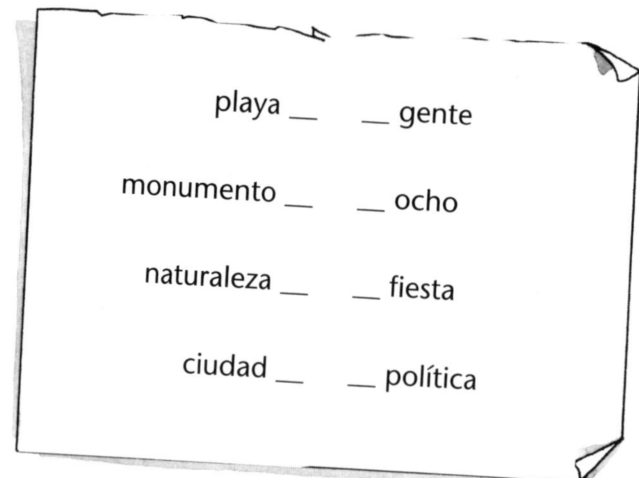

playa __ __ gente
monumento __ __ ocho
naturaleza __ __ fiesta
ciudad __ __ política

1-6 **Draw a line between the questions on the left and their corresponding answers.**

1. ¿Cómo se dice  en español?
2. ¿Qué significa *cantante*?
3. ¿Cómo se escribe 15, con cu o con ca? 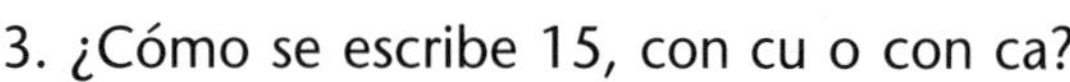
4. ¿*Mapa* es masculino o femenino?
5. ¿Cómo se escribe 5, con ce o con zeta?
6. ¿Cómo se dice  en español?
7. ¿*Lección* es masculino o femenino?

Con cu.
Casa.
Con ce.
Bicicleta.
Masculino.
Femenino.

Nombre: ______________________ Fecha: ______________

1-7 You already know some Spanish words: *fiesta, adiós, mañana, señorita, amigo, paella...* Write five sentences like the following example about what they mean.

> Adiós significa *good-bye.*

You may want to know how to say some words or expressions in Spanish. Write five questions such as the one below.

> ¿Cómo se dice en español *to fall in love*?

1-8 Listen to the following sentences. If the sentence is a question, add question marks, as in the first example. If it is not, put a period at the end.

PAÍSES		PERSONAS	
1. ¿ Esto es Chile	?	9. ___ Éste es el Rey Juan Carlos	___
2. ___ Esto es Nicaragua	___	10. ___ Ésta es Penélope Cruz	___
3. ___ Esto es México	___	11. ___ Ésta es Frida Kahlo	___
4. ___ Esto es Venezuela	___	12. ___ Ésta es Salma Hayek	___
5. ___ Esto es Uruguay	___	13. ___ Éste es Ricky Martin	___
6. ___ Esto es Panamá	___	14. ___ Ésta es Rigoberta Menchú	___
7. ___ Esto es Ecuador	___	15. ___ Éste es Gabriel García Márquez	___
8. ___ Esto es Cuba	___		

Nombre: ______________________________ Fecha: ____________________

1-9 **Look at these pairs of pictures. Make up names for the people or places pictured, and then write sentences to present these people or places. Use the words *éste, ésta, éstos, éstas,* and *ésto.***

EJEMPLO: **Éste es Juan.**
Esto es Puebla.

1

____

____

2

____

____

3

____

____

4

____

____

1-10 **In this chapter you have been learning about first and last names. Now you will hear some of them. Underline the names with an /x/ sound (as in *Gente*), circle the names with a /g/ sound (as in González), and write in the missing letters.**

1. Jaime	6. Guinea	11. Ar __ __ ntina	16. __ __ rcía
2. Gerardo	7. Guerra	12. __ __ mez	17. Para__ __ ay
3. Gil	8. González	13. __ __ vier	18. __ __ la
4. José	9. Guatemala	14. __ __ __ vara	19. __ __ árez
5. Juan	10. Gargallo	15. __ __ adalajara	20. Ara__ __ n

Nombre: ______________________________ Fecha: ____________________

1-11 **You will hear five people requesting a telephone number. Write the correct numbers next to the names below.**

1. Pedro Pérez Martín ______________________
2. Marcos Martínez Paz ______________________
3. Mario Vargas Pérez ______________________
4. Milagros Martín Martín ______________________
5. Paula Peralta ______________________

1-12 **How are you at math?**

Cinco más cuatro menos dos son siete.

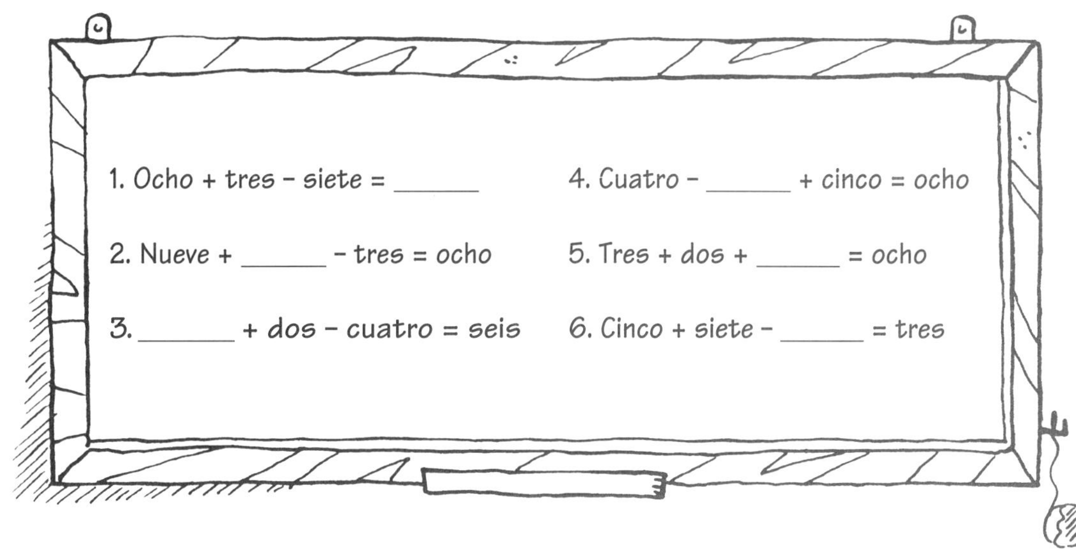

1. Ocho + tres - siete = ______
2. Nueve + ______ - tres = ocho
3. ______ + dos - cuatro = seis
4. Cuatro - ______ + cinco = ocho
5. Tres + dos + ______ = ocho
6. Cinco + siete - ______ = tres

Now, write two more equations.

____

____

Nombre: ______________________ Fecha: ______________

1-13 **In this dialogue, the responses are missing. Can you choose the correct word or words from the ones listed and write them in?**

1. • ¿Cómo te llamas?

   ○ ______________________ ☐ Salvador. ☐ Salvador Villa.

2. • ¿Salvador es tu nombre o tu apellido?

   ○ ______________________ ☐ El nombre. ☐ Es el apellido.

3. • ¿Y cómo se escribe, con be o con uve?

   ○ ______________________ ☐ Con uve. ☐ Se escribe con be.

4. • ¿Y Villa?

   ○ ______________________ ☐ También con uve. ☐ También con be.

5. • ¿Cuál es tu número de teléfono?

   ○ ______________________ ☐ El 8 29 35 46. ☐ Mi número de teléfono es el 8 29 35 46.

   • Muy bien. Gracias.

1-14 **Write a dialogue similar to the last one. One of the people in the dialogue is named Juana Arguedas. Make up a name for the second one.**

____

____

____

____

____

____

____

Nombre: ______________________________ Fecha: ____________________

1-15 **Some vowels (a, e, i, o, u) are missing. Can you find them?**

1. G U A T E M A L A
2. N __ C __ R __ G __ __
3. P __ R __ G __ __ Y
4. __ R __ G __ __ Y
5. M __ X __ C __
6. P __ R __
7. P __ __ RT __ R __ C __
8. __ L S __ LV __ D __ R
9. __ C __ __ D __ R

Listen and check your comprehension. Then, repeat the names, paying special attention to the way the vowels are pronounced.

1-16 **Write the correct forms of the verbs *ser* and *llamarse*. Add subject pronouns where they are needed.**

EJEMPLO:
- • Yo soy brasileño, ¿y ustedes?
- ○ Yo soy argentino, y ella es italiana.

1. • ¿Los señores Durán?
   ○ Sí, _______ nosotros.
   • ¿Sus nombres, por favor?
   ○ Yo me _______ Eva, y _______ Pedro.
2. • ¿Pablo Castellón?
   ○ Soy _______.
3. • Perdón, ¿Juan María Fuster?
   ○ _______ él.
   • Sí, _______ yo.
4. • ¿Es usted Julia Serrano Fortes?
   ○ No. _______ _______ Hortensia Serrano.
   Julia es _______.
5. • ¿Y cómo _______ llamas?
   ○ Alberto. ¿Y tú?
   • ____________________ Elisa.
6. • Ustedes _______ los señores Ribas, ¿verdad?
   ○ Sí, y _______ _________ Esmeralda Antón, ¿no?

1-17 **The following words appear in chapter 1 of the main text.**

First, write the letter M in front of each word that is masculine and an F in front of each one that is feminine. Then, write the corresponding article. Finally, write the plural form of each word, including its article.

EJEMPLO: F la playa las playas

1. ___ _____ país ________________
2. ___ _____ monumento ________________
3. ___ _____ ciudad ________________
4. ___ _____ comida ________________
5. ___ _____ tradición ________________
6. ___ _____ paisaje ________________
7. ___ _____ negocio ________________
8. ___ _____ cultura ________________
9. ___ _____ fiesta ________________

Nombre: ______________________________ Fecha: ____________________

1-18 **Now look at the following words and decide if they are masculine or feminine. Although you may not know all of them yet, see if you can guess which articles they take and then write them in.**

1. ___ mesa
2. ___ cantidad
3. ___ escuela
4. ___ juego
5. ___ suerte
6. ___ televisión
7. ___ universidad
8. ___ calle
9. ___ medicina
10. ___ teléfono
11. ___ doctor
12. ___ siesta
13. ___ avión
14. ___ canción
15. ___ tren
16. ___ café
17. ___ madre
18. ___ libro
19. ___ autor
20. ___ señor
21. ___ profesor
22. ___ coche
23. ___ noche
24. ___ gente

Check a dictionary to see if you were correct.
Now, can you come up with a grammar rule?

Nouns ending in	are generally M (masculine)	F (feminine)	can be either M o F
- o			
- a			
- ción, -sión			
- dad			
- e			
- or			

Nombre: ______________________ Fecha: ______________________

Autoevaluación

En general:	☀	☀☁	☀☁	☁
Mi participación en clase...				
Mis progresos en español...				
Mis dificultades...				

Y en particular:					
Gramática					
Vocabulario					
Pronunciación					
Lectura					
Comprensión					
Escritura					
Cultura					

Diario personal

Después de este primer capítulo puedo hablar del español en el mundo y de mis intereses en el español; sé cómo suenan los nombres y los apellidos en español. También puedo ______________, ______________ y ______________. Para mí, lo más interesante de GENTE QUE ESTUDIA ESPAÑOL son las actividades ______________, ______________, ______________ y ______________; lo menos interesante son las actividades ______________, ______________ y ______________. Necesito hacer más ejercicios de (números/gramática/deletrear/...) ______________.

2 gente con gente

Nombre: ________________________ Fecha: ________________

2-1 **Look at the descriptions on page 26 of your textbook. Then write the name of the person being described in each of the blank spaces.**

1. Estudia en la universidad.
   No es divorciada.
   No juega al tenis.
   Toca el piano. ______________

2. No es soltera.
   Trabaja en casa.
   No es nada tímida.
   No baila flamenco. ______________

3. No está casado.
   Toca un instrumento musical.
   No tiene un nombre español.
   No es nada antipático.
   Es profesor. ______________

Nombre: ______________________________ Fecha: ____________________

2-2 **Some words are missing in these descriptions. Can you find them here? After you are done, look on page 26 of your textbook to check if you are right.**

trabajadora argentino mexicana amable tenis

colecciona periodista fotógrafo estudia

BEATRIZ SALAS GALLARDO	**JORGE ROSENBERG**
Es (1) __________	Es (6) __________
Es (2) __________	Es (7) __________
Juega al (3) ______ y (4) ________ inglés	(8) __________ estampillas
Es muy (5) ________	Es muy (9) ________

2-3 **On page 26 of your textbook, find the activities that go with each of these verbs.**

Can you add more words to the lists? Use the dictionary.

Nombre: ______________________ Fecha: ______________

2–4 **A memory game: How many Latin American nationalities can you write correctly without looking at your textbook? (For example, *argentino*.) Write them in alphabetical order.**

Now write the feminine plural form of all the words. (For example, *argentinas*.)

2–5  **Who are they talking about? Pay attention to the endings of the adjectives, and then write them in the appropriate place. Note that some of them can go in more than one place!**

1. Juan es __________
2. Carolina es ____________
3. Luis y Blanca son __________
4. Carolina y Carmen son __________
5. Pablo y Javi son __________

2-6 **Now take the adjectives from exercise 2–5 and place them on this chart according to their endings. Then complete the chart with all the forms of the adjectives.**

-o	**-a**	**-os**	**-as**
serio	seria	serios	serias
________	________	________	________
________	________	________	________
________	________	________	________
-or	**-ora**	**-ores**	**-oras**
________	________	________	________
________	________	________	________

-e	**-es**
________	________
________	________
-consonante (**-l**, **-z**,...)	consonante + es (**-les**, **-ces**,...)
________	________
________	________

2-7 **Read these numbers out loud.**

24
25
35
42
49
52
58
74
85
92
93
94

Now, listen to some conversations and check off the seven numbers from the list that you hear.

Nombre: ______________________ Fecha: ______________________

2-8  **Pick eight numbers from this lottery ticket and spell them out so you do not forget them. Now listen to the recording and find out how many of your numbers were picked. Good luck!**

L O T E R Í A

10 11 12 13 14
15 16 17 18 19 20 21 22
23 24 25 26 27 28 29 30
31 32 33 34 35 36 37 38
39 40 41 42 43 44 45 46
47 48 49 50

Mis números son...

____
____
____
____
____
____
____
____

¿Cuántos son correctos?

2-9 **Write the questions for these answers. First, write them using the tú form, then write them using the usted form.**

Tú	Usted	
•	•	○ Javier Odriozola.
•	•	○ 42.
•	•	○ En una escuela de idiomas.
•	•	○ Soy profesor.
•	•	○ Soy mexicano, de Puebla.

Nombre: ______________________ Fecha: ______________

2-10 **Read the following information about the Ruiz family. Can you reconstruct the family tree?**

- Elisa tiene tres hijos, dos hijos y una hija. También tiene cinco nietos.
- El abuelo se llama Tomás.
- Mario tiene dos hijos, un hijo y una hija.
- La mujer de Carlos se llama Teresa.
- Candela es la mujer de Mario.
- Ana no tiene hijos.
- El hijo de Candela es Jaime.
- La hermana de Jaime es Gala.
- Las hijas de Teresa se llaman Inés, Berta y Susana.
- El cuñado de Carlos se llama Luis.

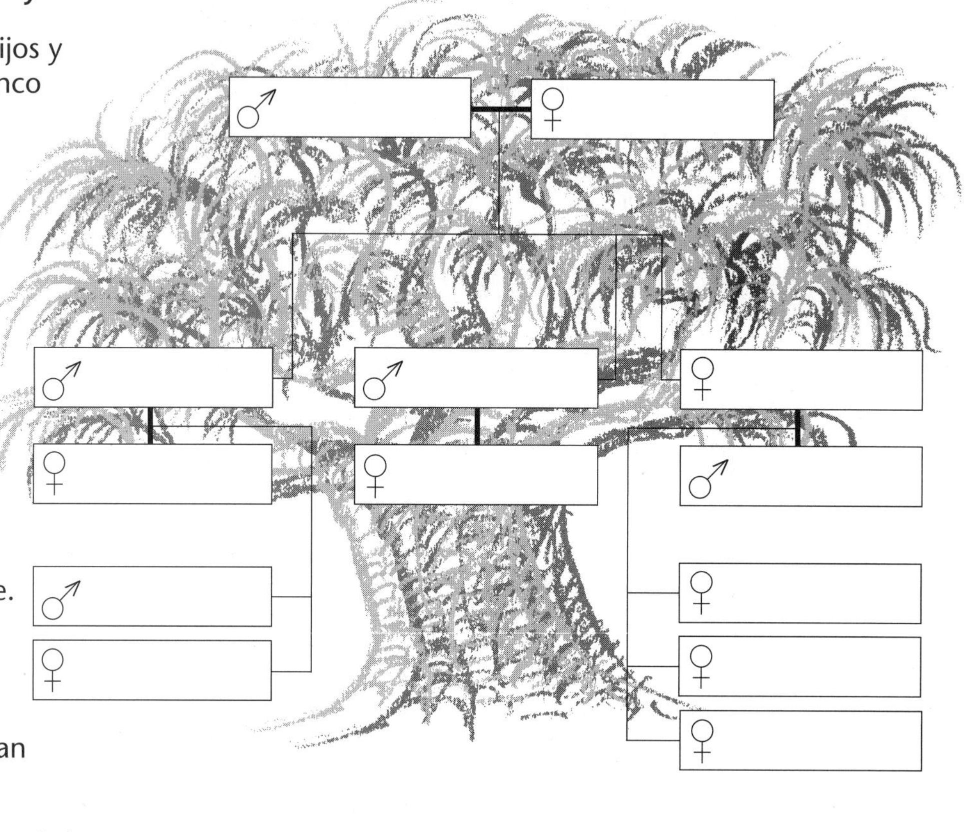

2-11 **Imagine that you need to choose a person to work with. How do you value the following qualities? Mark them on the scale.**

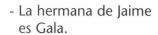

Yo creo que ser simpático es muy importante.

	🌡 (vacío)	🌡	🌡	🌡	🌡	🌡 (lleno)
simpático/a						✓
serio/a						
amable						
extrovertido/a						
inteligente						
trabajador/a						
perezoso/a						
egoísta						
alegre						
callado/a						
tímido/a						
educado/a						
agradable						

2-12 **Odd one out. In each of the following lists there is a word that doesn't fit. Can you find it?**

1. soltera, casada, simpática, viuda, divorciada
2. camarero, periodista, pintor, ama de casa, matrimonio
3. chilena, argentina, mexicana, paraguaya, italiana
4. madre, española, padre, hermano, abuelo, hijo
5. inteligente, amable, simpático, sociable, egoísta

2-13 **Can you help these people introduce themselves? Select the information that corresponds to each of the pictures. Then write it using the first person, as in the example. (Note that some of the descriptions can be applied to more than one picture.)**

son novios	habla español y un poco de inglés	son de Oaxaca pero estudian en la capital	se llama Eulalia
habla español y mixteca	tiene 68 años	tiene 23 años	vive en Puebla, pero es de Chihuahua
estudian arquitectura	habla español, inglés y francés	se llaman Pepe y Celia	se llama Lolita y vive en Zacatecas
tiene 40 años	trabaja en un banco	se llama Julián y vive en el DF	

Nombre: ______________________ Fecha: ______________

2-14 **Complete this chart with the forms of the verbs that you used in exercise 2–13. Then fill in the ones that are still missing.**

	SER	ESTUDIAR	HABLAR	LLAMARSE
Yo				
Tú				
Él, ella, usted				
Nosotros/as				
Vosotros/as				
Ellos, ellas, ustedes				

2-15 **Listen to the questions and then select the most appropriate response.**

1. ☐ a) No, trabajan en un periódico.
   ☐ b) Sí, trabajo en el banco.
2. ☐ a) Sí, inglés y francés.
   ☐ b) Sí, estudiamos matemáticas.
3. ☐ a) Me llamo Laura, ¿y tú?
   ☐ b) Laura.
4. ☐ a) Estudio en la Universidad.
   ☐ b) Es biólogo.
5. ☐ a) Carla es de México.
   ☐ b) María es de Puebla y Carla es de México.
6. ☐ a) Sí, Ana estudia biología y yo estudio física.
   ☐ b) No, es mesero en un bar.

2-16 **Write the questions for the answers below.**

1. ______________________________
   No, Magdalena es bióloga y yo soy periodista.
2. ______________________________
   ¿Carlos? 30 ó 32.
3. ______________________________
   Mi papá Antonio y mi mamá Carmen.
4. ______________________________
   No, ¿y usted?
5. ______________________________
   Bueno, yo hablo un poco de inglés y Marta habla inglés y alemán.

Nombre: ______________________ Fecha: ______________

2-17 **Pay attention to the intonation as you listen and mark the sentences you hear.**

1. ☐ a) Se llama Raquel.
   ☐ b) ¿Se llama Raquel?
2. ☐ a) Es de Ciudad de México.
   ☐ b) ¿Es de Ciudad de México?
3. ☐ a) Tiene 18 años.
   ☐ b) ¿Tiene 18 años?
4. ☐ a) Trabaja en un banco.
   ☐ b) ¿Trabaja en un banco?
5. ☐ a) Vive en la Avenida Insurgentes.
   ☐ b) ¿Vive en la Avenida Insurgentes?
6. ☐ a) Son mexicanos.
   ☐ b) ¿Son mexicanos?

2-18 **Write six sentences about the things that the following people have in common.**

Maribel es aficionada al tenis y Carlos también.
Juan José y Carlos hablan los mismos idiomas.

____

____

____

____

____

____

____

JUAN JOSÉ

19 años

motos y viajes

español e italiano

MEXICO DF

MARIBEL

19 años

tenis, música, viajes

español, inglés, francés

PUEBLA

Nombre: ______________________________ Fecha: ____________________

LAURA
26 años
música, leer
español e inglés
PUEBLA

2-19 **Write the appropriate adverbs of quantity in the spaces below: muy, bastante, un poco, nada.**

1. ¿Cómo es Sonia?

   Pues es __________ simpática pero __________ perezosa.

2. ¿Y Roberto?

   Roberto es __________ trabajador pero __________ serio.

3. ¿Y Ramón?

   Es __________ alegre y __________ perezoso.

4. ¿Qué opinas de Amalia?

   No es __________ simpática y es __________ egoista.

Nombre: ______________________ Fecha: ______________

Autoevaluación

En general:	☼	☼☁	☼☁☁	☁
Mi participación en clase...				
Mis progresos en español...				
Mis dificultades...				

Y en particular:					
Gramática					
Vocabulario					
Pronunciación					
Lectura					
Comprensión					
Escritura					
Cultura					

Diario personal

El capítulo 2, GENTE CON GENTE, es (muy / bastante) __________ interesante, pero un poco __________. Para mí lo más fácil es __________, y lo más difícil es __________. Puedo entender los números del 20 al 100 (muy bien / bien / regular / con dificultad) __________ y (puedo / me cuesta un poco / no puedo) __________ decirlos. Puedo decir y entender la nacionalidad de los hispanohablantes.

Ahora sé más cosas de México, por ejemplo: ______________________________ __________. Otras cosas que puedo hacer son: __________, __________ y __________. Para terminar, creo que necesito más práctica con __________.

3 gente de vacaciones

Nombre: ______________________________ Fecha: ____________________

3-1 **Read the following travel ads.**

1

OFERTAS DE VIAJES
MARISOL
GRANDES CIUDADES DEL CARIBE
San Juan de Puerto Rico, ciudad histórica y maravillosa
15 días de sol, playa e historia
Ida y vuelta en avión desde Miami o Nueva York
Desplazamientos en autobús y tren
Hoteles de * * * y * * * *
Guías especializados

2

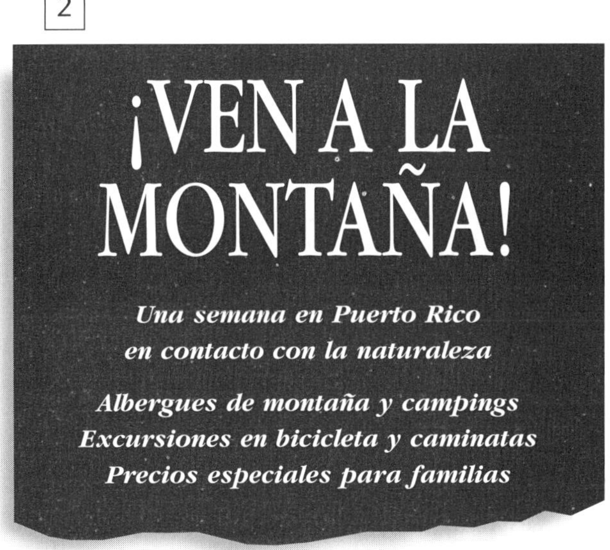

¡VEN A LA MONTAÑA!
Una semana en Puerto Rico
en contacto con la naturaleza
Albergues de montaña y campings
Excursiones en bicicleta y caminatas
Precios especiales para familias

Which trip to Puerto Rico would be of interest to the following people? Write the corresponding number in the boxes below.

☐ **Encarna**
Yo prefiero la playa, la diversión, conocer gente, pero también ver monumentos.

☐ **Cristina**
Nosotros queremos ir de vacaciones con nuestros hijos, pero este año no tenemos mucho dinero. Preferimos algo tranquilo.

☐ **Francisco**
A mí me interesa la cultura, el arte y todo eso. Y la playa también.

☐ **Raquel**
A mí me gustan la tranquilidad y el sol. No me gustan los viajes organizados, en guagua y con guías.

☐ **Miguel**
A mí me gustan los viajes con todo organizado: los hoteles, el avión, todo. Y estar cómodo, muy cómodo.

Nombre: ______________________________ Fecha: ____________________

3-2 **How do these people like to travel? Look at the pictures and write your answers on the lines provided.**

1 2 3 4

1. ____

2. ____

3. ____

4. ____

3-3 ***¿Gusta* or *gustan*?**

1. • Me __________ muchísimo vivir en el centro.
   ○ ¿Sí? A mí me __________ más los barrios tranquilos.

2. • ¿Quieres ir en moto? ¿Vamos a dar un paseo?
   ○ ¡Huy! No, gracias. A mí me __________ más caminar.

3. • ¿Te __________ la comida de Puerto Rico?
   ○ Sí, muchísimo.

4. • A mí, las playas con mucha gente no me __________ nada.
   ○ A mí tampoco, la verdad.

5. • ¿Te __________ San Juan?
   ○ Bueno, en general las ciudades grandes no me __________ mucho.

3-4 **You will hear five brief conversations. What are these people talking about? Check the right answer.**

1. ☐ a) unas fotos de las vacaciones
   ☐ b) una motocicleta nueva

2. ☐ a) una novela
   ☐ b) unos poemas

3. ☐ a) unas canciones
   ☐ b) un disco de música clásica

4. ☐ a) un carro
   ☐ b) unos chicos

5. ☐ a) una exposición de pintura
   ☐ b) unas casas

Nombre: ______________________ Fecha: ______________

3-5 Look at the following topics and then write a sentence for each one that tells how you feel about it. Use ***me interesa/n, no me interesa/n, me encanta/n, no me encanta/n, me gusta/n mucho, no me gusta/n nada,*** etc.

1. viajar en motocicleta
____
2. los restaurantes chinos
____
3. la política
____
4. el cine extranjero
____
5. jugar al fútbol
____
6. trabajar
____
7. el jazz
____
8. aprender idiomas
____
9. las playas desiertas
____
10. la música alternativa
____

3-6 Write sentences using information from each column.

A mis hermanos	me gusta mucho	las canciones de Ricky Martin.
A mí	te gusta	viajar en carro, ¿verdad?
A Carlos	no le gustan mucho	la música clásica.
A María y a tí	nos encantan	las vacaciones en la playa.
A Carmen y a mí	os/les gustan	las obras de José Rivera.
A tí	no les gusta nada	la música de Puerto Rico.

1. _______________
2. _______________
3. _______________
4. _______________
5. _______________
6. _______________

Nombre: ______________________ Fecha: ______________

3-7 You will hear the beginning of four sentences. Choose the ending that makes sense for each of them.

___ ...porque nos interesa mucho Latinoamérica.

___ ...prefiero viajar con mis amigos.

___ ...prefiero viajar en carro o en tren.

___ ...porque me gusta mucho la naturaleza y caminar.

3-8 Listen to the following conversations. Can you match each conversation with one of the images below?

A

B

C

D

E

F

Now listen again and write down all the forms of the verbs <u>querer</u> and <u>preferir</u> that you hear.

	QUERER	PREFERIR
yo		
tú		
él, ella		
nosotros/as		
vosotros/as		
ellos, ellas		

Finally, underline the forms that change: e ⟶ ie.

Nombre: ______________________ Fecha: ______________________

3-9 **True or false? Use the picture to choose the right answer.**

V	F	
❑	❑	1. La estación está en la plaza de España.
❑	❑	2. Hay dos farmacias en el pueblo.
❑	❑	3. Hay un hotel en la avenida de la Constitución.
❑	❑	4. La iglesia y el ayuntamiento están en la plaza de España.
❑	❑	5. La farmacia está en la calle Mayor.
❑	❑	6. La caja de ahorros y el teatro están en el parque.
❑	❑	7. El cine está cerca de la piscina.
❑	❑	8. El complejo deportivo está muy cerca de la piscina.
❑	❑	9. Hay un supermercado cerca de la escuela.
❑	❑	10. El campo de fútbol está en la calle Mayor.

Correct the statements that were false. Number 2 is done for you.

EJEMPLO: No hay dos farmacias en el pueblo.

3-10 **Write sentences using *hay* or *está.* The first one is done for you.**

1. • Perdone, ¿dónde está la oficina de Correos?
   ❍ (Pza. España) En la plaza de España hay una.

2. • ¿ _______ una farmacia por aquí?
   ❍ (parque) ______________________

3. • ¿ _______ hotel en este pueblo?
   ❍ (Avda. Constitución)______________________

4. • ¿Dónde _______ el banco, por favor?
   ❍ (no) ______________________

5. • ¿Dónde _______ el supermercado?
   ❍ (calle Mayor)______________________

6. • Perdone, ¿ _______ una agencia de viajes en el pueblo?
   ❍ (no) ______________________

7. • ¿ _______ un camping en el pueblo?
   ❍ (Pza. España) ______________________

Nombre: ______________________ Fecha: ______________

3-11 **Make two lists. You can look at your textbook or the dictionary if you need help with the vocabulary.**

DIEZ COSAS QUE HAY CERCA DE MI CASA		CINCO COSAS QUE FALTAN EN MI VECINDARIO
En mi vecindario hay...		En mi vecindario no hay...
1.	6.	1.
2.	7.	2.
3.	8.	3.
4.	9.	4.
5.	10.	5.

3-12 **Someone who is very interested in this apartment in San Juan has called the real-estate agency in order to find out more information. Listen and check off the information you hear.**

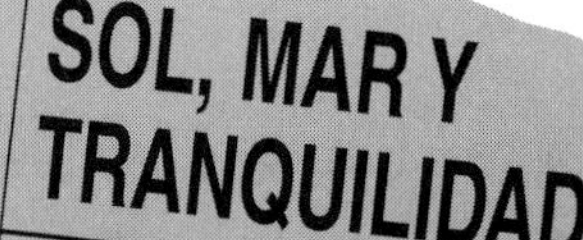

SOL, MAR Y TRANQUILIDAD

Ocasión: apartamento muy barato en San Juan 1–15 de agosto.
Para 5 personas.
Muy cerca de la playa.
Viajes Solimar.
Teléfono 4197654

El apartamento está...

- ☐ lejos de la playa
- ☐ cerca de un campo de golf
- ☐ cerca de la ciudad de San Juan
- ☐ en una zona muy tranquila

En los apartamentos hay...

- ☐ aire acondicionado
- ☐ teléfono
- ☐ televisión satélite
- ☐ cinco cuartos
- ☐ piscina
- ☐ canchas de tenis

3-13 **Are you interested in this apartment? Why? Write three more questions that you would ask the real-estate agent.**

Nombre: ______________________________ Fecha: ____________________

3-14 **Use the following phrases to agree or disagree with the statements below, using the happy or sad faces as clues.**

yo también	yo tampoco	a mí sí	a mí no
yo no	a mí también	yo sí	a mí tampoco

1. Quiero conocer Puerto Rico.

____

____

3. No tengo vacaciones en agosto.

____

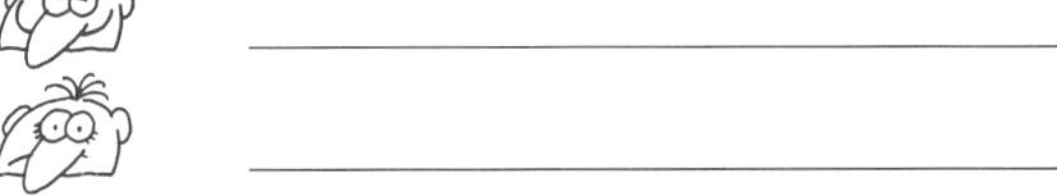
____

2. Me gusta muchísimo el teatro.

____

____

4. No me interesa nada el golf.

____

____

3-15 **Listen to these eight opinions. What is the appropriate response for each of them? Write the letter in the space provided.**

a) A mí también.

b) A mí tampoco.

c) Yo también.

d) Yo tampoco.

1.______ 2.______ 3.______ 4.______

5.______ 6.______ 7.______ 8______

3-16 **Listen again and write the third word of each sentence.**

1. __________ 2. __________ 3. __________ 4. __________

5. __________ 6. __________ 7. __________ 8. __________

Nombre: ______________________________ Fecha: ____________________

3-17 This word search contains the names of ten of the twelve months of the year. Find them, and then write the names of the remaining two.

1. ____________________ 2. ____________________

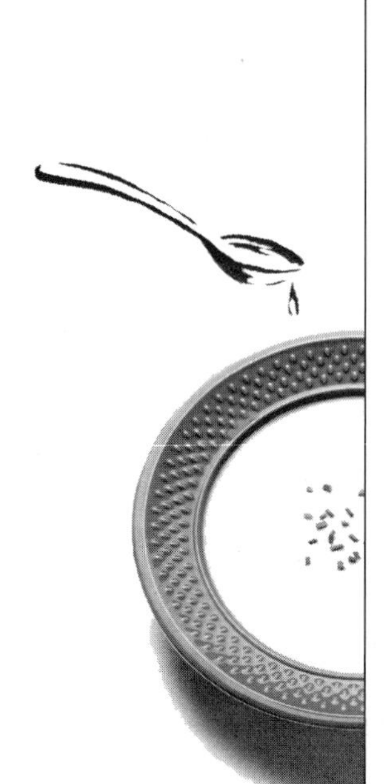

a	l	b	a	c	e	n	e	r	o	p	m	a	r	z	o
b	a	r	c	l	u	j	a	s	j	u	n	i	o	h	o
r	u	d	t	f	v	j	k	l	o	s	e	r	y	u	i
i	t	i	n	e	u	s	m	e	r	z	i	n	e	z	a
l	n	c	s	o	c	t	u	b	r	e	j	o	m	e	o
m	f	i	e	s	f	c	o	l	o	a	n	v	a	r	t
m	a	e	t	i	u	s	g	u	t	t	h	i	l	a	g
j	u	m	i	f	e	b	r	e	r	t	a	e	i	g	h
m	i	b	r	c	n	u	o	p	f	e	r	m	a	o	u
p	e	r	o	q	u	m	a	y	o	p	i	b	s	s	t
g	e	e	i	l	o	p	a	r	t	i	c	r	s	t	h
s	e	p	t	i	e	m	b	r	e	e	s	e	p	o	o

3-18 Fill in the semantic map with words that you have learned in this chapter.

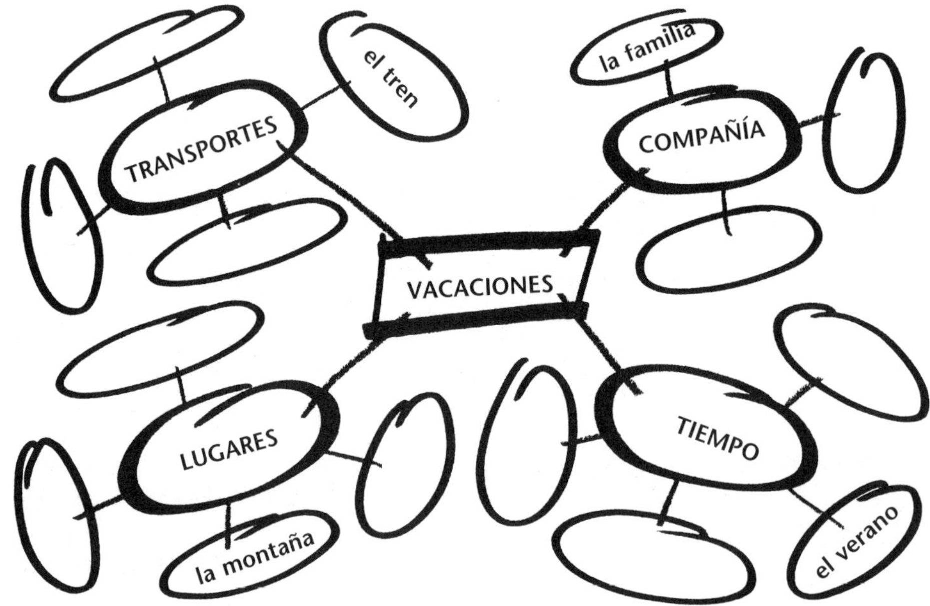

Nombre: ______________________________ Fecha: ____________________

3-19 **Take the following test and and then look at your results.**

¿ERES SOCIABLE?

1. Cuando voy de vacaciones me gusta...

- ☐ a. ir solo/a o con mi novio/a. Ni amigos, ni familia.
- ☐ b. ir con la familia o amigos, pero también solo/a o con mi novio/a. Depende.
- ☐ c. ir con un grupo grande de amigos o con toda la familia.

2. Y cuando estoy en el lugar elegido...

- ☐ a. me interesa más visitar los museos, ir a la playa o pasear.
- ☐ b. me gusta descansar pero también conocer las costumbres del lugar.
- ☐ c. me encanta hablar con la gente para conocer sus costumbres y tradiciones.

3. Me gusta viajar...

- ☐ a. en mi coche o en mi moto.
- ☐ b. en coche, en tren, en avión o en autobús.
- ☐ c. haciendo autostop para conocer gente nueva.

4. Para estudiar o trabajar prefiero...

- ☐ a. estar solo/a, en casa con mi música y mis cosas.
- ☐ b. generalmente solo/a, pero estudiar con gente también es divertido.
- ☐ c. no me gusta nada trabajar solo/a: prefiero estar con amigos para estudiar o trabajar bien.

5. Y ahora, sinceramente: ¿Eres...

- ☐ a. serio/a, callado/a, tímido/a y perezoso/a para hablar con la gente?
- ☐ b. un poco tímido/a pero activo/a y sociable?
- ☐ c. muy simpático/a, sociable y cariñoso/a?

Mayoría de respuestas A: No eres sociable, claro, pero eres muy independiente. Una pregunta: ¿no te aburres un poco?

Mayoría de respuestas B: Eres una persona muy sociable y abierta, y seguramente tienes muchos buenos amigos.

Mayoría de respuestas C: ¡Enhorabuena! Tú no tienes problemas para conocer gente: donde quieres y cuando quieres. Eres muy, muy sociable... ¿demasiado?

Nombre: ______________________ Fecha: ______________

3-20 **This is a map of an imaginary island called Barnabi. Label the features on the map with the words in the box below.**

lago mar montaña pueblo río ciudad playa hotel campings aeropuerto

EJEMPLO: Hay un río que está al sur de las montañas, cerca del pueblo.

1. ______________________ 6. ______________________

2. ______________________ 7. ______________________

3. ______________________ 8. ______________________

4. ______________________ 9. ______________________

5. ______________________ 10. ______________________

Nombre: ______________________ Fecha: ______________

3-21 Listen carefully to this information about another island close to Barnabi: the island of Tacri. Make a list of all the things in it. Then listen again and draw in the features that are missing.

______________________ ______________________

______________________ ______________________

______________________ ______________________

______________________ ______________________

______________________ ______________________

______________________ ______________________

Nombre: ______________________ Fecha: ______________

Autoevaluación

En general:	☼	☼☁	☼☁	☁
Mi participación en clase...				
Mis progresos en español...				
Mis dificultades...				

Y en particular:					
Gramática					
Vocabulario					
Pronunciación					
Lectura					
Comprensión					
Escritura					
Cultura					

Diario personal

(Me gusta mucho/No me gusta) hablar con mis compañeros/as de las vacaciones. (Es/no es) muy interesante conocer sus gustos y preferencias. Ahora yo puedo hablar de mis vacaciones (muy bien/bien/regular/con problemas) y puedo describir qué hay en mi ciudad y mi barrio (muy bien/bien/regular/con problemas). Me gusta(n) mucho la(s) actividad(es) ______________ porque ______________, pero no me gusta(n) mucho la(s) actividad(es) ______________ porque ______________. Entiendo (muy bien/bien/con dificultad) la diferencia entre está/n y hay. También puedo hablar de mis gustos y preferencias con los verbos gustar y preferir (muy bien/bien/con dificultad). Para terminar, creo que necesito más práctica con ______________.

4 gente de compras

Nombre: ______________________________ Fecha: ____________________

4-1 **Here are three shopping lists. Which Genticompras stores (textbook page 71) do these people have to visit?**

RAMÓN

una novela para Alicia
desodorante
aspirinas
dos periódicos: *New York Times* y *Clarín*
un secador de pelo

TIENE QUE IR A:

____

____

____

____

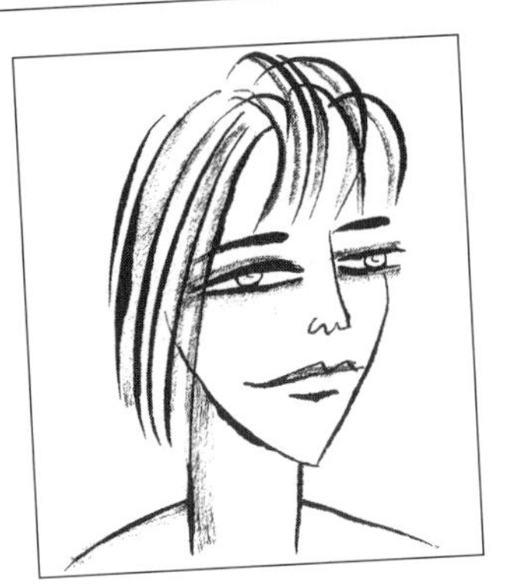

ANAMARI

pasteles
sobres
un ramo de flores
dos botellas de vino
pelotas de tenis

TIENE QUE IR A:

____

____

____

____

ALBERTO

unos zapatos
dos revistas: *Marie Claire* y *People*
unas tarjetas postales
espuma de afeitar
una cafetera

TIENE QUE IR A:

____

____

____

____

4-2 **Y estas cosas, ¿dónde las puedes comprar? Sigue el ejemplo.**

EJEMPLO:

Las flores, en la florería.

1. ______________________

2. ______________________

3. ______________________

4. ______________________

5. ______________________

Nombre: ______________________ Fecha: ______________

4-3 Think about six things that you purchased within the last two weeks. In which Genticompras stores could you have bought them?

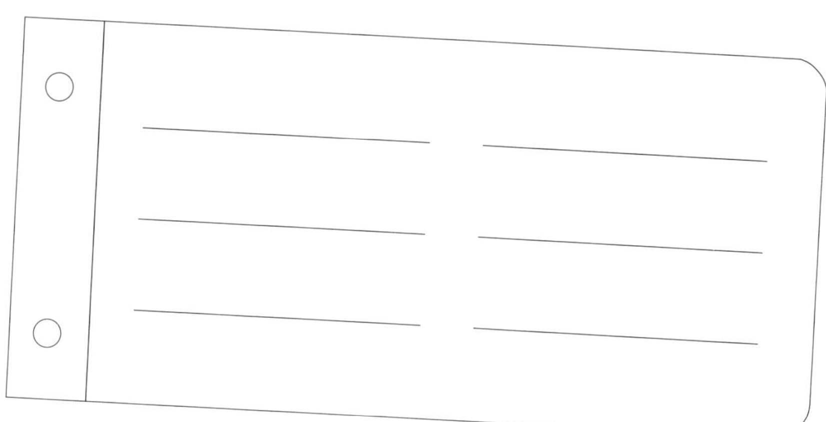

4-4 Ask about the price of the following things. Pay attention to *cuesta/cuestan* and *este/a/os/as.*

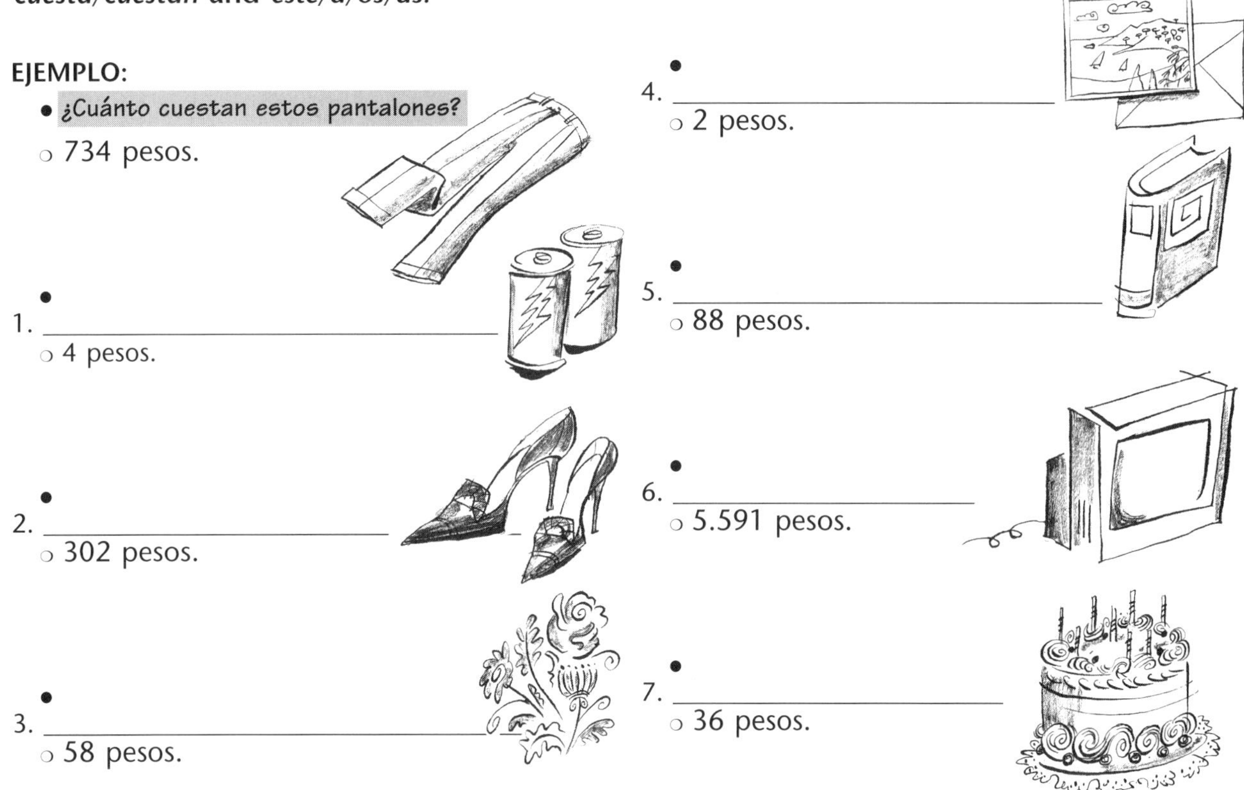

EJEMPLO:
• ¿Cuánto cuestan estos pantalones?
○ 734 pesos.

1. • ______________________
○ 4 pesos.

2. • ______________________
○ 302 pesos.

3. • ______________________
○ 58 pesos.

4. • ______________________
○ 2 pesos.

5. • ______________________
○ 88 pesos.

6. • ______________________
○ 5.591 pesos.

7. • ______________________
○ 36 pesos.

Which of these things do you find expensive? Write sentences using the following expressions: *un poco, bastante, muy, demasiado.*

EJEMPLO: Los pantalones son muy caros.

____

____

____

____

Nombre: ________________________ Fecha: ________________

4-5 **Listen to a series of conversations about items in a store. Which ones are they talking about?**

1. ❑ una chaqueta
   ❑ un pañuelo

2. ❑ un reloj
   ❑ unas baterías

3. ❑ una revista
   ❑ unas cintas de vídeo

4. ❑ un perfume
   ❑ unos calcetines

5. ❑ unas flores
   ❑ unos pasteles

6. ❑ una guitarra
   ❑ un disco de jazz

7. ❑ una novela
   ❑ un reloj

8. ❑ una botella de leche
   ❑ un paquete de café

9. ❑ unos zapatos
   ❑ una cámara de fotos

10. ❑ una cafetera
    ❑ unas pelotas de tenis

4-6 **Do you remember the names of these articles of clothing?**

4-7  **Genticompras is having a big sale, but someone forgot to write down the new prices! Listen to the radio ad. Can you write the prices in?**

ANTES 151 pesos AHORA ______

ANTES 324 pesos AHORA ______

ANTES 151 pesos AHORA ______

ANTES 31 pesos AHORA ______

ANTES 118 pesos AHORA ______

ANTES 54 pesos AHORA ______

ANTES 112 pesos AHORA ______

ANTES 118 pesos AHORA ______

ANTES 112 pesos AHORA ______

4-8 **Fill in the blanks with the correct form of the verb *tener*.**

1. • Oye, Jaime, ¿ ________ cámara de fotos?
   ❍ Yo no, pero mi esposa ________ una.

2. • ¿Cuántos años ________?
   ❍ Yo ________ veintidós, y Gloria, veinte.

3. • Los padres de Javier _______ muchísimo dinero: _______ dos casas en la playa y un coche deportivo fantástico.
   ❍ ¿En serio?

4. • ¿Celia y tú ________ hijos?
   ❍ Sí, ________ dos niñas, Ana y Bea.

Nombre: ____________________ Fecha: ____________________

4-9 **Write five things that you normally need to do during the week and five more things that the people you know have to do.**

Yo tengo que ir a la universidad.

Mi hermana tiene que ir a clase de español.

4-10 **Write the names of the colors in this chart. Don't forget the plural form(s), and the feminine form where appropriate.**

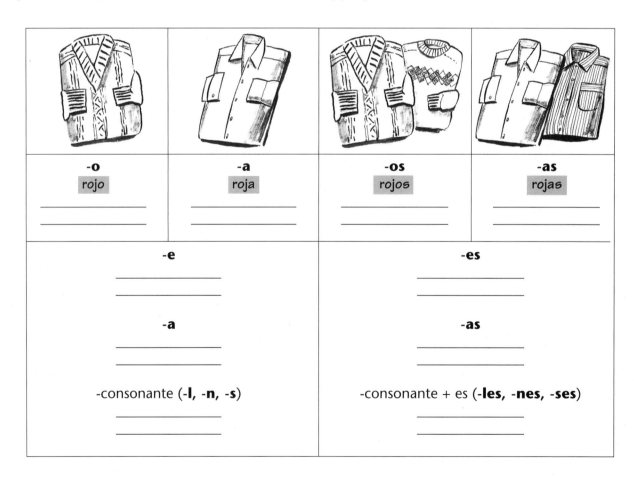

-o rojo ______ ______	**-a** roja ______ ______	**-os** rojos ______ ______	**-as** rojas ______ ______
-e ______ ______ **-a** ______ ______ -consonante (**-l**, **-n**, **-s**) ______ ______		**-es** ______ ______ **-as** ______ ______ -consonante + es (**-les**, **-nes**, **-ses**) ______ ______	

Nombre: ______________________ Fecha: ______________

4-11 Javier is describing some of his friends. Write down the names of the people he describes.

1. ______________
2. ______________
3. ______________
4. ______________

4-12 Listen to Javier's descriptions again and fill in the blanks with the right colors and the articles *un, una, unos, unas.*

Mira, el muchacho que lleva (1)___ chaqueta (2)__________ y (3)___ pantalones (4)__________ es Alejandro, mi mejor amigo. Rosa es la muchacha que lleva (5)___ falda (6)__________ y (7)___ suéter (8)__________. Normalmente lleva siempre pantalones, pero ese día se puso falda. La muchacha que lleva (9)___ vestido largo y (10)___ zapatos de tacón es Lucía, la novia de Alejandro. Es muy simpática, pero un poco rara. La última es Lola. Es la muchacha que lleva (11)___ vestido (12)__________ y (13)___ abrigo (14)__________. Es guapa, ¿verdad?

4-13 Some friends are putting together a birthday party. Fill in the blanks with the verb *poder* and words from the list.

platos y vasos   bebidas   regalo   servilletas   comida   torta de cumpleaños

1. • Yo _________ traer los __________.
   ○ ¿Y __________(tú) traer las __________ también?

2. • Carlos y Verónica _______ preparar la ______. Cocinan muy bien.

3. • Nosotras tres ___________ comprar el ______ en Genticompras.
   ○ ¿Quién __________ comprar las __________?
   • Yo mismo. A ver..., cocacolas, cervezas, vino...

4. • Oye, ¿Javier y tú _________ hacer una __________?
   ○ De chocolate, por ejemplo.
   * De acuerdo, sí, _________ hacerla nosotros.

Nombre: ______________________ Fecha: ______________

4-14 **The direct object pronouns *lo, la, los, las* are used to avoid repetition. Rewrite the following answers using direct object pronouns.**

EJEMPLO:

• ¿Dónde tienes el carro?

○ Tengo el carro en casa.

Lo tengo en casa.

1. • ¿Necesitas la moto este fin de semana?
   ○ Sí, necesito la moto el sábado para ir a una fiesta.
   ____
2. • ¿Quién puede traer los refrescos?
   ○ Yo puedo traer los refrescos.
   ____
3. • ¿Dónde compras el pan? Es muy rico.
   ○ Pues compro el pan siempre en el supermercado de Genticompras.
   ____
4. • ¿Puedes hacer las compras este fin de semana? Estoy muy ocupada.
   ○ Sí, claro, yo puedo hacer las compras.
   ____

4-15 **What are they talking about? Read the following sentences and match them up with the items listed below.**

1. Lo puedes comprar en una joyería.
2. Los comes en las fiestas y son de nata, de chocolate, etc.
3. Los necesitas para caminar, para ir a trabajar, para ir a clase...
4. La gente la compra normalmente en el supermercado.
5. Las puedes leer en casa, en el autobús, en la peluquería...
6. La usas para pagar, pero no es dinero.
7. Normalmente lo llevan las mujeres y no es una falda.
8. Las puedes comer en restaurantes italianos o en casa.

- ☐ reloj
- ☐ revistas
- ☐ zapatos
- ☐ pasteles
- ☐ comida
- ☐ vestido
- ☐ tarjeta de crédito
- ☐ pizzas

Nombre: ______________________ Fecha: ______________

4-16 **These siblings are deciding on some Christmas presents. Complete the dialogues with the missing pronouns *le, les, lo, los, la, las.* The words in italics might help you.**

1. • Pues *a la tía Alicia* podemos comprar__ un pañuelo.
   ○ Sí, un pañuelo o una novela.
   • Y a la tía Mari, pues..., otro pañuelo.
   ○ ¿Otro? Mejor ___ regalamos el pañuelo *a Mari* y la novela a Alicia. ¿Quién compra *el pañuelo?*
   • Yo ___ compro. ¿Compras tú *la novela?*
   ○ De acuerdo. Yo ____ compro.

2. • ¿Y para *los tíos Rodrigo y María Luisa?*
   ○ No sé, podemos comprar___ un disco. Están buscando uno de Bach que no tienen.
   • De acuerdo, pues *un disco.* ¿Quién ___ compra, tú o yo?
   ○ Puedo comprar___ yo.

3. • Y *a la abuela,* ¿qué __ compramos?
   ○ *A la abuela* podemos comprar___ un reloj. Tiene uno que no funciona muy bien.
   • Un reloj es un poco caro, ¿no?
   ○ Bueno, depende...

4. • *La prima Isabel* quiere unas gafas de esquí.
   ○ Bueno, pues ____ compramos *unas gafas.* ¿ ___ compras tú?
   • Sí, yo ____ puedo comprar.

4-17 **Think of five people you want to give presents to (your father, your boyfriend/girlfriend, a friend...), and write their names in the first column. Then listen to the suggestions and write down what you think about them.**

EJEMPLO: mi hermana No, un pañuelo de seda, no. Mejor un libro de arte, que le gusta mucho.

1. ____________ ______________________________
2. ____________ ______________________________
3. ____________ ______________________________
4. ____________ ______________________________
5. ____________ ______________________________

Nombre: ______________________________ Fecha: ______________

4-18 **Gentilandia is an imaginary country. Its currency is called the *pesito.* Listen to some information about Gentilandia and underline the numbers that you hear.**

444.000	44.000	50.600	6.000	3.550
20.000	650.000	200.000	325.000	3.500

Listen again and write the answers to the following questions.

1. ¿Cuántos kilómetros cuadrados tiene Gentilandia? ______________________
2. ¿Cuántas mujeres viven en este país? ______________________
3. ¿Cuánto cuesta una cerveza en un bar? ______________________
4. ¿Cuánto cuesta comer en un restaurante? ______________________
5. ¿Cuál es el número de teléfono de la Oficina de Turismo? ______________________

4-19 **This is a letter for the Three Wise Men. Each line is missing a word. Mark the place where the word is missing and write in the word on the lines provided. The first one is done for you.**

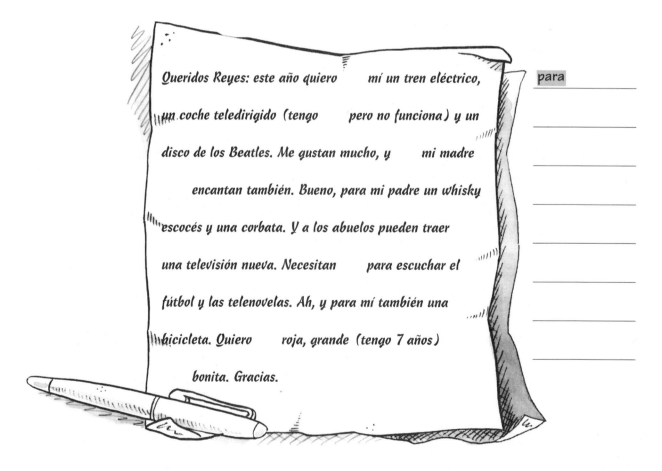

Queridos Reyes: este año quiero mí un tren eléctrico, para
un coche teledirigido (tengo pero no funciona) y un ______
disco de los Beatles. Me gustan mucho, y mi madre ______
encantan también. Bueno, para mi padre un whisky ______
escocés y una corbata. Y a los abuelos pueden traer ______
una televisión nueva. Necesitan para escuchar el ______
fútbol y las telenovelas. Ah, y para mí también una ______
bicicleta. Quiero roja, grande (tengo 7 años) ______
bonita. Gracias.

Nombre: ______________________ Fecha: ______________

4-20 **What do you have? Answer the following questions with complete sentences, as in the example.**

EJEMPLO:
• ¿Tienes carro?
○ No, no tengo.
○ Sí, tengo un Volkswagen Jetta.

1. ¿Tienes computadora? ______________________
2. ¿Tienes cámara de fotos? ______________________
3. ¿Tienes piano? ______________________
4. ¿Tienes coche? ______________________
5. ¿Tienes guitarra? ______________________
6. ¿Tienes esquís? ______________________

4-21 **Answer some more questions about things that you might have or need.**

EJEMPLO:
• **¿Tienes computadora?**
○ Sí, sí la tengo.
○ No, pero quiero comprarme una.

1. • ¿Necesitas gafas de sol?
   ○ ______________________
2. • ¿Tienes bicicleta?
   ○ ______________________
3. • ¿Necesitas unos patines?
   ○ ______________________
4. • ¿Tienes cámara de vídeo?
   ○ ______________________
5. • ¿Necesitas paraguas?
   ○ ______________________
6. • ¿Tienes teléfono móvil?
   ○ ______________________

Nombre: ______________________________ Fecha: ________________

You need to buy a present but you can't decide among all the things. How would you ask a friend to help you decide?

¿Cuál compro, éste o éste?

¿Qué compro, esto o esto?

1. ______________________________

2. ______________________________

3. ______________________________

4. ______________________________

5. ______________________________

6. ______________________________

Nombre: ______________________________ Fecha: ____________________

Autoevaluación

En general:	☼	☼☁	☼☁	☁
Mi participación en clase...				
Mis progresos en español...				
Mis dificultades...				

Y en particular:					
Gramática					
Vocabulario					
Pronunciación					
Lectura					
Comprensión					
Escritura					
Cultura					

Diario personal

El capítulo GENTE DE COMPRAS es (muy/bastante) ________________ interesante, especialmente donde se habla de ________________ y de ________________. En mi país las costumbres son (iguales/semejantes/muy diferentes) ________________. Los nombres de las tiendas también son (iguales que/parecidos a/muy diferentes de) ________________ los argentinos. Por otra parte, es un tema muy interesante porque ahora puedo hablar de regalos y precios. También puedo ________________. He aprendido mucho sobre Argentina, por ejemplo ________________. Para mí, lo más difícil en esta lección es ________________.

5 gente en forma

Nombre: ________________________________ Fecha: ____________________

5-1 **Which activities correspond best to each of these people? Write the number of the picture(s) in the boxes below.**

- ☐ Come demasiado.
- ☐ Come muy poco.
- ☐ Trabaja demasiado.
- ☐ Duerme poco.
- ☐ Hace mucho deporte.
- ☐ Toma demasiado café.
- ☐ Fuma demasiado.
- ☐ No fuma.
- ☐ Bebe demasiado alcohol.
- ☐ Juega al tenis.
- ☐ No toma azúcar.
- ☐ Está mucho tiempo sentado.
- ☐ Hace yoga.
- ☐ Come muchos dulces.
- ☐ Juega al golf.
- ☐ Anda en bicicleta.

5-2 **Write each word next to the verb it goes with.**

pescado agua medicamentos carne deporte gimnasia verduras chocolate fibra alcohol fruta cerveza café té azúcar yoga dulces

COMER: ________________________________

BEBER: ________________________________

TOMAR: ________________________________

HACER: ________________________________

Nombre: ________________________ Fecha: ____________

5-3 **Which of the things in exercise 5–2 do you do or not do and how often?**
Use: *mucho/a/os/as, bastante/s, poco/a/os/as, demasiado/a/os/as...*

EJEMPLO: (No) hago mucho deporte.

______________________ ______________________

______________________ ______________________

______________________ ______________________

____

5-4 **You will hear two people answering questions on a radio program. Which one does the following things?**

	LA SEÑORA	EL SEÑOR	NINGUNO
camina mucho: una hora diaria			
juega al tenis			
no toma café			
come mucha fruta			
come mucha verdura			
come mucha fibra			
fuma			

5-5 **Do you remember the name of all these body parts?**

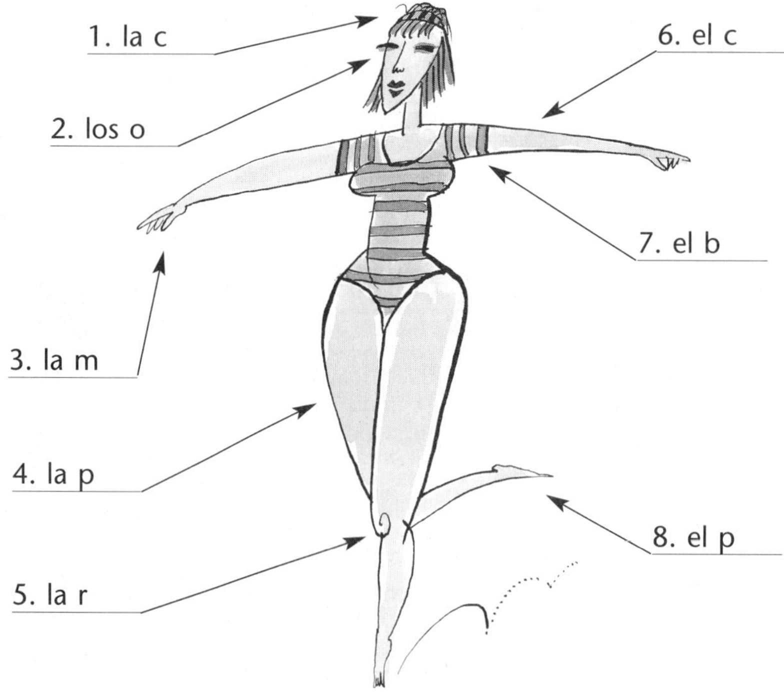

Nombre: ______________________________ Fecha: ____________________

5-6 Listen to the radio program *"Todos en forma"* and then write down all the body parts that are mentioned. They may appear several times, both in the singular and the plural.

____

____

____

5-7 Listen again and match up each exercise with one of the images below.

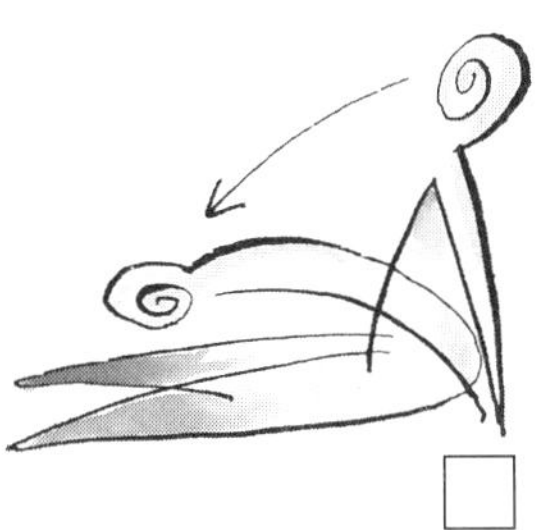

5-8 Which information goes with each drawing? Write the correct number in the boxes below.

1. Los jueves **se levanta** a las siete para ir al mercado.
   Da un paseo todos los días y **se acuesta** a las once.
   Tiene dos hijos y seis nietos.
2. Los fines de semana **va** a un club de jazz.
   De vez en cuando **escribe** cartas a su novia, que es argentina.
   No **hace** mucho deporte, pero a veces va al gimnasio.
3. Los martes **juega** al fútbol con sus amigos del colegio.
   Duerme siempre más de ocho horas.
   Por la tarde **estudia** en casa y **mira** la televisión.
4. **Quieren** comprar un carro, pero ahora no tienen dinero.
   Comen siempre juntos en casa: él **cocina** muy bien.
   Piensan demasiado en el trabajo.

Nombre: ______________________ Fecha: ______________

5-9 **Look at the boldfaced verbs in exercise 5–8 and write the infinitive form of each of them on the lines below. Which ones are irregular verbs?**

1. ________, ________, ________, ________ 2. ________, ________, ________

3. ________, ________, ________, ________ 4. ________, ________, ________, ________

5-10 **Arturo wrote you this letter about a typical day during his vacation in Colombia.**

Querido/a amigo/a:

¿Qué tal? ¿Cómo van las vacaciones?
Te escribo desde Cartagena, una ciudad preciosa de Colombia. Ya sabes, la ciudad de mis padres. Estoy aquí de vacaciones con la familia. Es un lugar muy bonito pero no muy animado. Ideal para descansar y luchar contra el estrés: todas las mañanas voy a hacer las compras con mi mamá al mercado y después vamos todos a nadar. Comemos siempre en casa y después duermo unas siestas maravillosas. Y luego, doy un paseo por la ciudad, tomo una cerveza con algún viejo amigo, juego a las cartas con mis hermanos o voy al cine. Como ves, no hago nada especial. Bueno, no todo es tan aburrido: algunos días hacemos excursiones por el campo (los alrededores son preciosos). Y, a veces, nos bañamos en un río que está muy cerca. La verdad es que me aburro un poco. ¿Quieres venir tú unos días a Cartagena a aburrirte conmigo? Aburrirse es muy bueno contra el estrés.

Un abrazo,
Arturo

Fill in the missing verb forms in this chart, which is based on the verbs used in Arturo's letter.

		aburrirse	querer		hacer	dar		
yo							tomo	
tú								
él, ella, usted			quiere	juega				va
nosotros/as								
vosotros/as	os bañáis							
ellos/as, ustedes					hacen	dan		

Nombre: ________________________ Fecha: ____________

5-11 **Using the chart you completed in exercise 5–10, formulate a rule for the present tense of Spanish verbs.**

> En español hay tres grupos de verbos: los acabados en -AR, en -ER y en -IR. Muchos son regulares (**hablar, comer,** _________, _________) pero también hay irregulares:
>
> - verbos con vocal **e** que se transforma en _____ en las formas de **yo,** _______, _______ y __________. Por ejemplo: **querer,** __________
> - verbos con vocal **o** o **u** que se transforma en ____ en las formas de ______, _______, ______ y __________. Por ejemplo: _________, ___________
> - verbos con la forma **yo** irregular. Por ejemplo: **hacer,** ______, ______

5-12 **Use these verbs to complete the following dialogues. Be sure you don't use them more than once!**

levantarse comenzar acostarse tener hacer ir preferir ducharse bañarse mirar

1. • ¿A qué hora ________________ ustedes normalmente?
   ○ Yo a las ocho u ocho y media, pero María a las siete y media porque __________ clase en la universidad a las nueve.
2. • Mi hermano Carlos __________ a las diez o diez y media de la noche.
   o ¿Y por qué tan temprano?
   • Pues porque __________ a trabajar a las seis de la mañana.
3. • Y tú, Marta, ¿qué _________ normalmente en vacaciones?
   o Bueno, nada especial, mi esposo y yo __________ a la casa de mis padres en Barranquilla.
4. • ¿Qué ___________, ducharte o bañarte?
   o Bueno, pues normalmente _____________, pero a veces, especialmente los fines de semana, ______________.
5. • ¿Y tus hijos __________ mucho la televisión?
   o ¡Uf! Muchísimo, dos o tres horas cada día.

5-13 **You will hear eight sentences. Whom are they talking about? Put a check mark (✓) in the appropriate box.**

	1	2	3	4	5	6	7	8
yo								
tú								
él, ella, usted								
nosotros/as								
vosotros/as								
ellos, ellas, ustedes								

Nombre: ______________________ Fecha: ______________

5-14 **Which parts of the body are the following activities good for? Write five sentences.**

EJEMPLO: Andar en bicicleta es bueno para las piernas y el corazón.

nadar	los brazos
dar un paseo	la cintura
bailar	el corazón
jugar al golf	la espalda
jugar al tenis	la circulación
las piernas	todo el cuerpo

1. ______________________
2. ______________________
3. ______________________
4. ______________________
5. ______________________

5-15 **Complete this dialogue with the correct forms of *ser* or *estar*.**

• No vienes a ver el partido de fútbol?
o No, lo siento, voy al gimnasio. (1)_________ muy gordo y necesito adelgazar un poco. Además, siempre (2)___________ cansado y tengo poca energía. Mi esposa (3)_________ muy activa, pero yo no.

• Sí, pero Laura (4)___________ demasiado delgada, creo.
o No, yo pienso que se ve muy bien. Últimamente (5)__________ un poco débil porque (6)___________ enferma. Tiene que cuidarse más.

5-16 **What do you think? Use the expressions to complete the sentences.**

hay que | es bueno | tienes que | es necesario | es importante

1. Si quieres aprender español...
____
2. Si quieres comer bien...
____
3. Para tener buenos amigos...
____
4. Si quieres ganar mucho dinero...
____
5. Para conseguir un buen trabajo...
____
6. Para ser feliz...
____
7. Para no tener problemas con tu pareja...
____
8. Para ahorrar/no gastar energía...
____

Nombre: ______________________ Fecha: ______________________

5-17 **Can you offer some practical advice? Use *tener que* + infinitive or *es necesario* + infinitive.**

1. • Últimamente creo que estoy muy gordo.
   ○ ______________________
2. • Tengo un estrés horrible, no duermo bien, fumo demasiado...
   ○ ______________________
3. • Necesito una computadora, pero no tengo dinero para comprarla.
   ○ ______________________
4. • El novio de mi amiga está siempre en mi casa. ¡No tengo vida privada!
   ○ ______________________
5. • Quiero aprender español, pero ahora no puedo ir a Colombia.
   ○ ______________________

5-18 **Complete the following sentences using *muy, mucho, mucha, muchos,* or *muchas.* What do you think these people look like? Draw a little sketch of each of them.**

DAVID:

1. Trabaja __________ horas al día.
2. No tiene __________ tiempo libre.
3. Conoce a __________ gente importante.
4. Viaja __________ al extranjero.
5. Bebe __________ cerveza.
6. Tiene una casa __________ grande.
7. No duerme __________.

PAULA:

8. Hace __________ deporte.
9. Es __________ simpática.
10. Tiene __________ amigos.
11. Está __________ delgada.
12. No come __________.
13. __________ fines de semana se va al campo.
14. Lee __________ libros de poesía.

Nombre: ______________________ Fecha: ______________

5-19 **Look at the drawing of Gloria and write five sentences about her using *muy, mucho, mucha, muchos, muchas.***

1. ____________________
2. ____________________
3. ____________________
4. ____________________
5. ____________________

Nombre: ______________________ Fecha: ______________

Autoevaluación

En general:				
Mi participación en clase...				
Mi trabajo en casa				
Mis progresos en español...				
Mis dificultades...				

Y en particular:					
Gramática					
Vocabulario					
Pronunciación					
Lectura					
Comprensión					
Escritura					
Cultura					

Diario personal

En GENTE EN FORMA lo que me parece más interesante es ______________________; sin embargo, ______________________ no me parece tan interesante. Ahora creo que sé mucho mejor ______________________ aunque todavía tengo algunos problemas con ______________________. Con este capítulo también aprendí (I learned) ______________________ y ______________________. En cuanto al tipo de ejercicios, en general prefiero ______________________ porque ______________________; los ejercicios del tipo ______________________ no me parecen muy útiles. El capítulo habla de la vida diaria de los colombianos; si la comparo con la mía (mine) veo que ellos ______________________, mientras que (while) nosotros ______________________.

6 gente en casa

Nombre: ______________________________ Fecha: ____________________

6-1 **Complete this semantic map with the names of the appropriate pieces of furniture.**

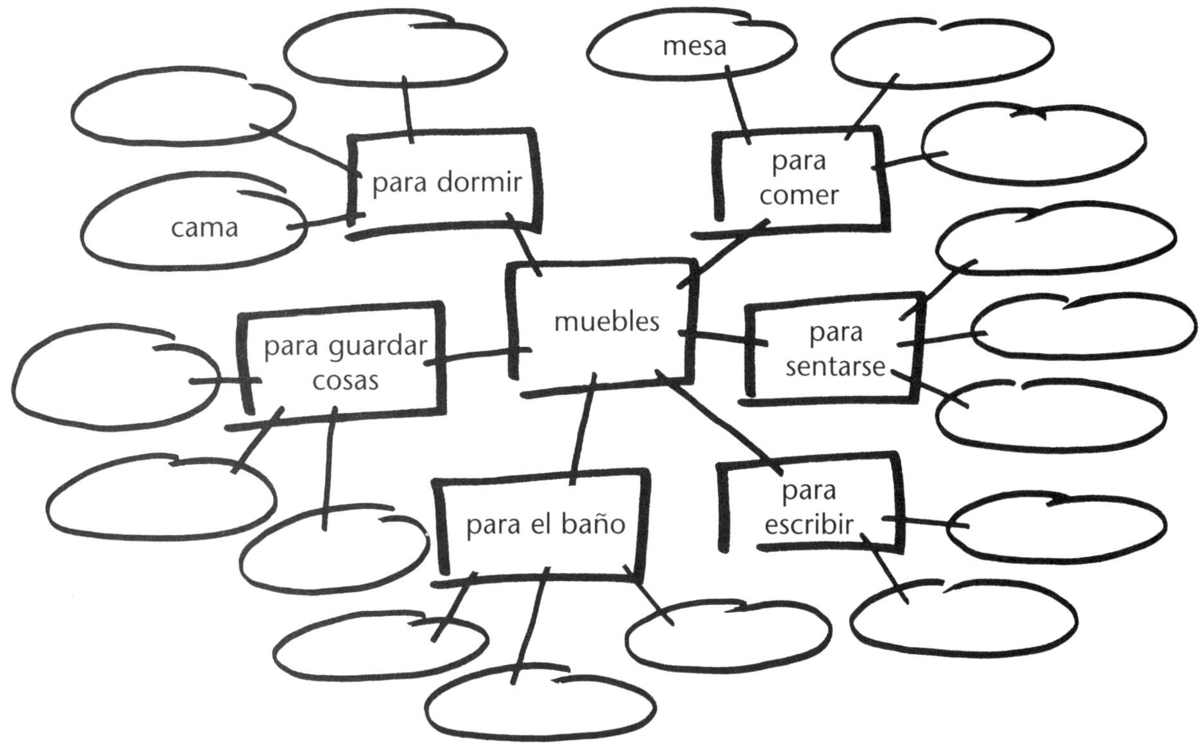

6-2 **The Velasco Flores family (see page 117 of the textbook) is selling their house and furniture to you. You are only interested in a few pieces of the furniture. Which ones do you want? Which ones do you not want?**

¿QUÉ MUEBLES LES COMPRAS?

¿CUÁLES NO QUIERES?

Imagine that you are finally moving into their house. What other furniture do you need? You can use the vocabulary from Chapter 6 or a dictionary, and list the pieces as in the example below.

Una estantería más grande para el estudio.

____

____

____

Nombre: ______________________ Fecha: ______________

6-3 **You need to introduce six people. First decide what your relationship is with each of them and then write sentences like the one in the example.**

EJEMPLO: Ésta es Beatriz, una amiga salvadoreña. Está pasando unos días con nosotros.

Éste Ésta Éstos Éstas	es son

Beatriz Charo César Gloria Emilio y José Ana y María los señores Barrios	sobrino/a/os/as primo/a/os/as vecino/a/os/as amigo/a/os/as compañero/a/os/as amigo/a/os/as de Madrid amigo/a/os/as salvadoreño/a/os/as	Está/n pasando unos días con nosotros. Trabajamos juntos/as. Vive/n aquí al lado. Vive/n con nosotros. Está/n de viaje y viene/n a vernos. Está/n aquí de vacaciones.

1. ______________________
2. ______________________
3. ______________________
4. ______________________
5. ______________________
6. ______________________

6-4 **Some friends are visiting you at home. Listen to what they say to you and write the number next to the appropriate response.**

_____ ¿Te gustan? El sofá es nuevo.

_____ Sí, da el sol casi todo el día.

_____ ¿Ya quieren irse? Pero si sólo son las doce menos cuarto...

_____ Sí, entra la luz casi todo el día...

_____ ¿Te gusta? Es un poquito chica pero nos gusta mucho.

Nombre: ______________________ Fecha: ______________

6-5 **Do you remember the parts of the house? Write them here with their corresponding article (masculine or feminine).**

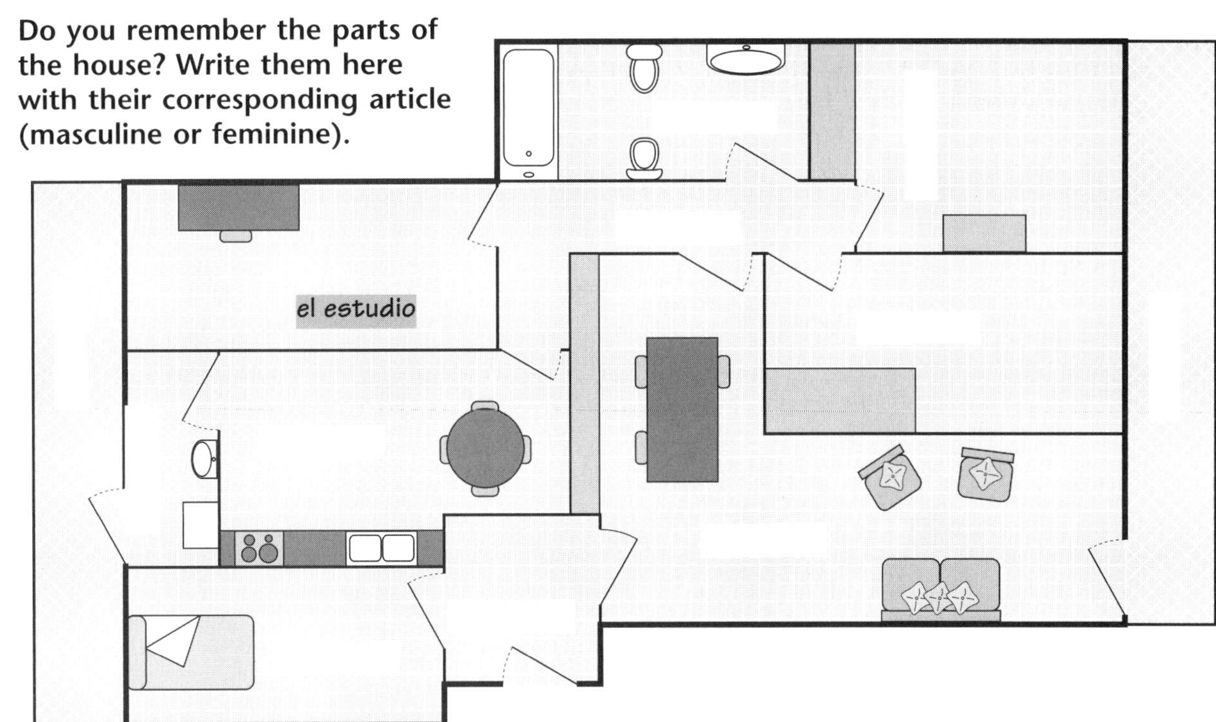

6-6 **Look at these maps of two different apartments and read the sentences about them. Mark the statements that are true and correct the ones that are false.**

EJEMPLO: *El de la calle Cervantes tiene un baño grande y uno pequeño.*

No, no es verdad. Tiene sólo un baño.

1. El de la avenida América sólo tiene dos dormitorios. ______________
2. El baño del de la avenida América es más pequeño. ______________
3. El de la calle Cervantes tiene un cuarto grande y dos pequeños. ______________
4. El de la avenida América tiene terraza. ______________
5. El de la calle Cervantes tiene un pequeño balcón al lado de la cocina. ______________
6. El salón del de la calle Cervantes es más grande que el del otro apartamento.

____

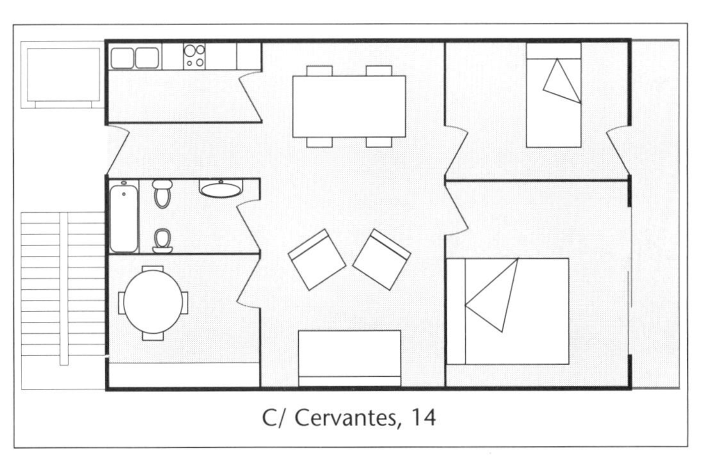

C/ Cervantes, 14

Avda. América, 44

Nombre: ______________________ Fecha: ______________

6-7 **Read these real-estate ads. Imagine that you are a real-estate agent and you need to sell these houses. Do you have one for each of these people?**

A. Barrio tranquilo. 3 cuartos dobles. 2 baños completos. Amplio salón con chimenea. Gran terraza. Alto. Muy luminoso.

B. 160 m^2, 4 cuartos, salón comedor, cocina nueva, 2 baños. Finca semi nueva. Ascensor y garaje.

C. 3 habitaciones, amplio salón comedor, 2 balcones. Perfecto estado. Listo para vivir. 95 m^2 300.000 dólares. Tercera planta sin ascensor.

D. 2 cuartos. Muy luminoso. Zona tranquila y soleada. Finca antigua restaurada. Zona céntrica. 245.000 dólares.

E. 3 cuartos. 3 baños. Armarios empotrados. Soleado. Ascensor. Zona tranquila. Jardines. 123.000.

F. 3 habitaciones, terraza, exterior, muy soleado. Vistas. Calefacción central. Ascensor. Parqueo. Piscina.

G. 1 cuarto. Baño, balcón. Muy bien. Único. Junto Ayuntamiento. Muy barato.

1. Vivienda _____ porque…

2. Vivienda _____ porque…

3. Vivienda _____ porque…

4. Vivienda _____ porque…

Nombre: ______________________________ Fecha: ____________________

6-8 Listen to some people giving you their addresses. Take notes. You will need to write the addresses on these tags.

ARTURO COROMINA VALDÉS
C/ Rubén Darío, 187, 1ª
44566 San Salvador

6-9 The following addresses are incomplete. Which questions do you need to ask so you can complete them? First, use the form *usted*, as in the model. Then use the form *tú*.

EJEMPLO:

	USTED	TU
SANDRA GARCÍA ________	¿Cuál es su segundo apellido?	¿Cuál es tu segundo apellido?
Calle Fernando VII, nº ________	¿En qué número vive?/	¿En qué número vives?
	¿En qué piso/planta vive?	¿En que piso/planta vives?
________ Madrid	¿Cuál es el/su código postal (*zip code*)?	¿Cuál es tu código postal?

	USTED	**TÚ**
1. Benito Villa Salcedo	________	________
________ , 23, 2º A	________	________
________ Madrid	________	________
2. Susana Roche Gracia	________	________
Calle Pino, ________	________	________
________ San Salvador	________	________
3. C. Marcos Fuentes	________	________
Plaza ________ , 31,____	________	________
________	________	________
4. Isabel Monte ________	________	________
Avda, de la Constitución, 31,____	________	________
________ Medellín	________	________

Nombre: ______________________ Fecha: ______________

6-10 **Think of five people you know (friends, family members, classmates). What do you imagine they are doing right now?**

	NOMBRE	RELACIÓN CONTIGO	QUÉ ESTÁ HACIENDO
EJEMPLO:	David	mi amigo	Creo que está en la biblioteca leyendo.
1.			
2.			
3.			
4.			
5.			

6-11 **María's phone is not working so she goes to her neighbor, Laura, to use her phone. Write down the conversation that might take place. Follow these conversational prompts.**

MARIA	**LAURA**
Saluda.	Saluda e invita a pasar a María.
Cuenta su problema.	Le dice dónde está el teléfono.
Pregunta por la familia de Laura.	Le ofrece algo para beber.
Da las gracias y se despide.	Se despide.

• ______________________

○ ______________________

• ______________________

○ ______________________

• ______________________

○ ______________________

• ______________________

○ ______________________

Nombre: ______________________ Fecha: ______________

6–12 **What might James say in the following situations? Choose the right answer.**

CONTEXTO A

James llama a casa de su amigo Toni. Toni lo llamó (*called*) antes pero James no estaba (*he was not*) en casa.

1. • Aló.
   ○ ¿Está Toni?
   • ¿De parte de quién?
   ○ ______________

2. • Aló.
   ○ ¿Está Toni?
   • Ahora no puede venir. Está duchándose.
   ○ ______________

3. • ¿Sí?
   ○ ¿Está Toni?
   • No está. ¿Quieres dejarle algún mensaje?
   ○ ______________

CONTEXTO B

James llama a Gracia Fernández. Es una profesora salvadoreña de español y no la conoce. Un amigo le dio (*gave him*) su número de teléfono, y la llama para pedirle clases de conversación.

4. • ¿Aló?
   ○ ¿Gracia Fernández?
   • ¿De parte de quién?
   ○ ______________

5. • ¿Sí?
   ○ ¿Gracia Fernández?
   • No, no está. ¿Eres Patrick?
   ○ ______________

6. • ¿Aló?
   ○ ¿Gracia Fernández?
   • No, no está. ¿Quiere dejarle algún recado?
   ○ ______________

- Ella no me conoce. Me llamo James Waldorf. Quiero hablar con ella sobre unas clases de conversación.
- Soy yo, James. Él me llamó antes, y estoy devolviendo la llamada.
- No. Yo me llamo James Waldorf. ¿Cuándo puedo encontrarla en casa?
- Sí, por favor. Me interesa recibir clases, y tengo su número de teléfono. ¿Puedo dejar mi número y ella me llama?
- Ah, bueno. Yo llamo más tarde entonces.
- Sí, soy yo, James. Por favor, dígale que estoy en la casa y él puede llamarme en un ratito (*in a little while*).

Nombre: ______________________ Fecha: ______________

6–13 **Pretend you are each of the people mentioned. What do you need to do after listening to your messages?**

EJEMPLO: Eres Catalina Crespo: Tengo que llamar a la productora.

1. Eres Rosa: ______________________
2. Eres María: ______________________
3. Eres Lourdes: ______________________

6–14 **You will hear some sentences using the *tú* or *usted* form. Mark the ones you hear.**

	TÚ	USTED
1.	❑	❑
2.	❑	❑
3.	❑	❑
4.	❑	❑
5.	❑	❑

6–15 **Show that you understand the instructions you hear by repeating them, as in the example.**

EJEMPLO: Tengo que tomar la línea cinco y bajar en la plaza de España.

1. ______________________
2. ______________________
3. ______________________
4. ______________________

6–16 **Write the forms that are missing (*tú, usted* or *ustedes*).**

TU	USTED	USTEDES
■ Pasa, pasa.	Pase, pase.	
■ Oye, por favor...		
■ Come un poco más de tarta.		
■	Siga por esta calle todo recto.	
■	Conteste el teléfono, por favor.	
■ Dame tu dirección.		
■ Cállate, cállate; escucha lo que dicen.		
■	Váyase ahora mismo.	

Nombre: ______________________ Fecha: ______________

6-17 **Your dog does not follow directions very well, so you need to repeat them two or three times. Give your dogs these instructions but use the direct object pronouns.**

1. buscar la pelota — Búscala. — Tienes que buscarla.
2. sentarte — ______ — ______
3. dar el hueso a Joan — ______ — ______
4. recoger el palo — ______ — ______
5. ponerte de pie — ______ — ______

6-18 **One of your friends is going to stay in your house while you are on vacation. What does s/he need to do? Here are some ideas: complete them and add two more. Then write a note for your friend using the imperative and *tienes que* + the infinitive.**

EJEMPLO:
Por favor: riega las plantas del salón. También tienes que...

Regar las plantas del jardín/de la terraza/del salón... ______

Cerrar el gas/el agua/las ventanas al salir. ______

Dar de comer a los peces/al gato... ______

Desconectar el refrigerador/la luz... ______

Sacar el correo del buzón. ______

Sacar a pasear al perro. ______

Escuchar los mensajes del contestador. ______

Comprar... ______

6-19 **Listen to the dialogues and write down the third word of each line you hear.**

1. ______ ______
2. ______ ______
3. ______ ______
4. ______ ______
5. ______ ______
6. ______ ______

Nombre: ______________________________ Fecha: ____________________

Autoevaluación

En general:	☀	☀☁	☀☁	☁
Mi participación en clase...				
Mi trabajo en casa				
Mis progresos en español...				
Mis dificultades...				

Y en particular:					
Gramática					
Vocabulario					
Pronunciación					
Lectura					
Comprensión					
Escritura					
Cultura					

Diario personal

Después de haber trabajado con GENTE EN CASA, mi imagen de El Salvador y de los salvadoreños (es la misma que antes/es diferente) ______________________. Esto es así porque ______________________. En GENTE EN CASA he aprendido (I have learned) sobre El Salvador y también sobre cómo viven los salvadoreños, sus costumbres, cómo son sus casas, qué hacen cuando tienen invitados. Ahora creo que (sé/puedo/soy capaz de...) ______________________.
La verdad es que, en este aspecto, entre El Salvador y mi país (hay/no hay) diferencias: allá, ______________________ y acá ______________________. Lo más difícil de aprender sobre la lengua española en esta lección es ______________ y lo más fácil es ______________________.

7 gente que viaja

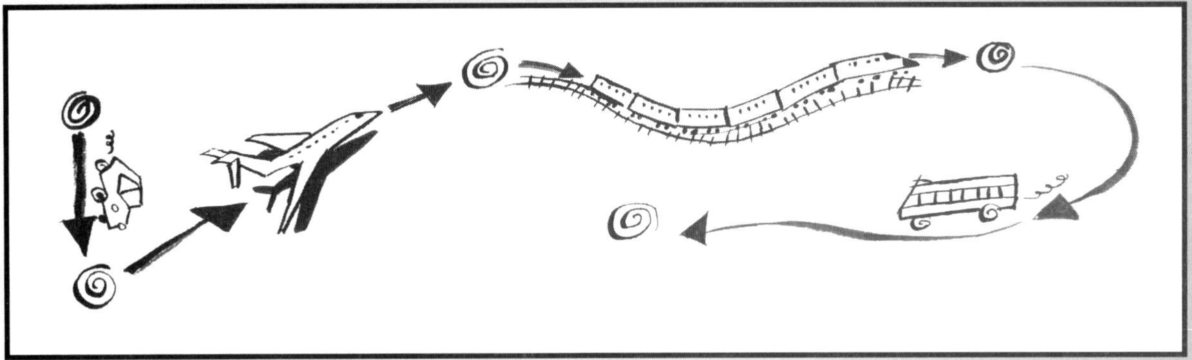

Nombre: ______________________________________ Fecha: ______________________

7-1 **Look at the pictures in the *Acercamientos* section of your textbook. After a couple of minutes, close the book. Write a check mark next to the words that you can remember. Then write the definite article (*el, la, los, las*) in front of all the words listed.**

1. ___ plano de la ciudad ☐
2. ___ agenda personal ☐
3. ___ pasaporte ☐
4. ___ calendario ☐
5. ___ gafas de sol ☐
6. ___ mapa de carreteras ☐
7. ___ maleta ☐
8. ___ teléfono móvil ☐
9. ___ computador portátil ☐
10. ___ información sobre hoteles ☐
11. ___ tarjetas de crédito ☐
12. ___ calculadora ☐
13. ___ boletos de avión ☐
14. ___ cámara fotográfica ☐
15. ___ moneda extranjera ☐
16. ___ billetes de banco ☐

7-2 **Which of these things do you need for each of these trips?**

viaje a la República Dominicana	viaje a Las Vegas	viaje de negocios

7-3 **Read this information about an adventure trip in the Dominican Republic. Then write in the missing words, using ones from the word bank.**

incluye de hasta viaje desde parar hasta
desde mañana tomar por lugares
tarde guía itinerario hasta

TOUR AVENTURA EN JEEP

Colonial Tour presenta este emocionante Tour-Aventura en cómodos Jeeps Chevrolet Tracker 4x4, guiados por ustedes y acompañados de un (1)________ multilingüe, a través (2)________ increíbles paisajes, ríos, valles, montañas y llanuras del Este de República Dominicana. Vamos a iniciar el (3)________ en la llanura de la zona Este, donde vamos a ver grandes cultivos de caña de azúcar. Luego vamos a hacer una parada para recibir información detallada del proceso de elaboración de los productos derivados de la caña de azúcar, (4)________ sus orígenes a principios del siglo XVI (5)________ hoy.

Luego vamos a pasar (6)________ la pintoresca comunidad de la Otra Banda de Higuey, fundada a principios del siglo XVIII. Vamos a continuar el (7)________ por la Cordillera Oriental donde vamos a (8)________ para (9)________ fotos. Después de almorzar y descansar, vamos a continuar (10)________ la comunidad de Nisibón para conocer las factorías de arroz. Finalmente, vamos a ver una fábrica de tabaco.

Esta excursión está programada con salida desde todos los hoteles de Bavaro, Punta Cana y El Cortecito. Su precio (11)________ todo el recorrido en los jeeps desde los hoteles, almuerzo, bebidas, guía, visitas a los (12)________ mencionados e impuestos. El recorrido es de 10 horas aproximadamente, (13)________ las 7 de la (14)________, (15)________ las 5 de la (16)________.

Nombre: ______________________________ Fecha: ____________________

7-4 **What do you normally do before, during, and after a trip? Put the following actions in order.**

- ☐ comprar boletos
- ☐ revelar las fotos
- ☐ hacer fotos
- ☐ deshacer la maleta
- ☐ alquilar un coche
- ☐ hacer la maleta
- ☐ escribir tarjetas postales
- ☐ cambiar dinero
- ☐ comprar regalos
- ☐ reservar un hotel

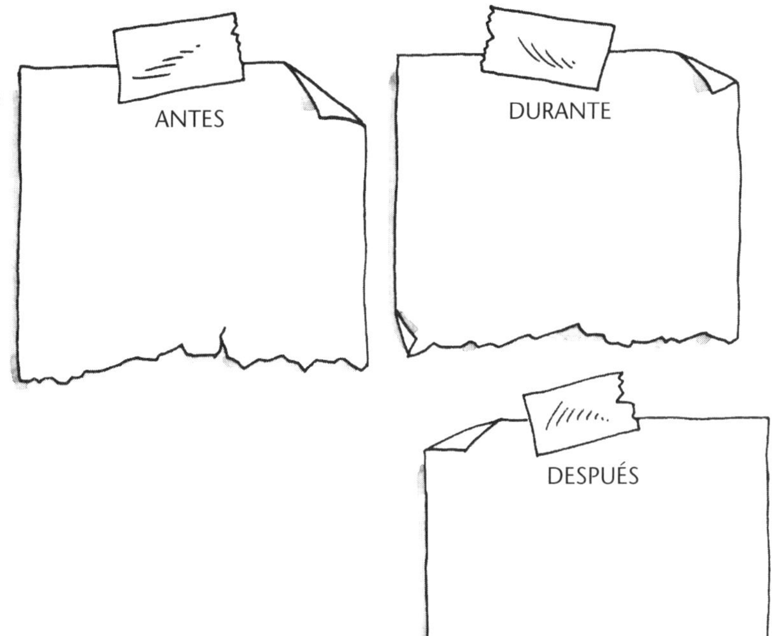

7-5 **This is the bus schedule between Santo Domingo and Puerto Plata. When you call to confirm the schedule, you hear that there are some changes. Can you mark them on the schedule?**

SANTO DOMINGO	PUERTO PLATA
6:10	11:30 (1)
10:15	15:30
14:15	18:45
17:30	22:00 (1)
20:15	1:50 (2)

(1) Laborables, excepto sábados.
(2) Diario, excepto domingos.

7-6 **Listen to a guest reserving a hotel room. These are the receptionist's answers. Can you put them in order?**

____ Muy bien, del lunes 10 al jueves 13. ¿A qué hora van a llegar?
____ De acuerdo, listo.
____ ¿Para cuántos días?
____ ¿En la mañana?
____ $120 la doble y $85 la individual.
____ Sí, sí, todas son con baño.
____ Sí, para ese día hay alguna libre.

HOTEL COLONIAL
* * *

- En pleno centro colonial
- Al lado del Parque Colón
- A 10 minutos del Fuerte de La Caridad
- 120 habitaciones con aire acondicionado
- Tranquilo y bien comunicado
- Sauna y Fitness

Nombre: ______________________ Fecha: ______________

7-7 **Write the following time expressions in chronological order, starting with today.**

en tres años	el martes que viene	pasado mañana
el mes que viene	el domingo	mañana
el 25 de noviembre	en marzo del 2012	el 24 de abril

7-8 **Look at the opening hours of these businesses. Then listen to the conversations and decide if the places will be open or closed at the times mentioned.**

Mikis
Jazz en directo todas las noches
hasta las 4:00
¿Van a encontrarlo abierto? sí ☐ no ☐
EL CORTE FIEL
¡ESTE DOMINGO ABRIMOS!
Liquidación total por fin de temporada.
Venga a ver nuestras increíbles rebajas
de 9:00 a 21:00 todos los días.
¿Van a encontrarlo abierto? sí ☐ no ☐
La Gaviota
ESPECIALIDADES DOMINICANAS
12:00–17:00 y 20:30–24:00
(lunes noche y martes descanso semanal)
¿Van a encontrarlo abierto? sí ☐ no ☐

Nombre: ______________________ Fecha: ______________

7-9 **Jesús Vera is a very methodical person. Every day he does the exact same things. Can you put these things in chronological order?**

- ☐ Se acuesta a las once.
- ☐ Empieza a trabajar a las nueve.
- ☐ Se levanta a las siete y media.
- ☐ A las diez y media come algo ligero y toma un café en una cafetería, al lado de la oficina.
- ☐ Antes de acostarse escribe un par de páginas en su diario.
- ☐ Almuerza con un compañero de trabajo a las doce y media.
- ☐ Cena a las nueve.
- ☐ Sale del trabajo a las seis menos cuarto.

7-10 **What time of the day do you do these activities? Write the time out in words.**

1. ¿A qué hora te levantas, normalmente? ______________
2. ¿A qué hora desayunas? ¿Antes o después de vestirte? ______________
3. ¿A qué hora empiezas a trabajar? ______________
4. ¿A qué hora sales del trabajo o de la escuela? ______________
5. ¿A qué hora tienes clase de español? ______________
6. ¿A qué hora es tu programa preferido de televisión? ______________
7. ¿A qué hora cenas? ______________
8. ¿Lees antes de dormir? ¿Hasta qué hora? ______________
9. ¿Miras mucho la televisión? ¿Cuántas horas al día? ______________
10. ¿A qué hora te acuestas? ______________

7-11 **The very famous singer Mona Yacallé is booked solid for the next year. Her assistant is sick, and Yacallé can't understand her notes. Can you help her? Write down where you think she is going to sing and when.**

N.Y. J-25-en.

EJEMPLO: Va a cantar en Nueva York el jueves veinticinco de enero.

1. Par. 13 y 25 jul. ______________
2. Mil. Mar-30-sep. ______________
3. Syd. 1 y 2 sep. ______________
4. Barc. 15-20 jul. ______________
5. Ven. 3-oct. ______________
6. Rom. V-2-oct. ______________
7. L.A. 22-ag. ______________

Nombre: ______________________ Fecha: ______________

7-12 **Read the following hotel brochures.**

HOSTAL JUANITO

Precios muy económicos.

• • •

Habitaciones individuales o dobles.

• • •

En la zona antigua de la ciudad,
en el casco histórico y monumental.

• • •

Zona con excelente ambiente nocturno.

HOTEL MIRAFLORES

* * * * *

- Solárium y piscina.
- Hidromasaje.
- Excelente localización a unos metros de la playa.
- El hotel de lujo ideal para vacaciones o negocios.
- 100 habitaciones y 10 suites con vistas.
- Aire acondicionado en todas las habitaciones.

Hotel Nenúfares

* * * *

A cinco minutos del aeropuerto
Campo de golf y tenis.

Todos los servicios para un viaje de negocios.

Muy bien comunicado (autobuses y taxis).

Tres restaurantes: cocina internacional, cocina típica regional y barbacoa en nuestra terraza.

Which hotel would you choose, if you were interested in the following things?

EJEMPLO: Si quieres un hotel muy lujoso, el Miraflores.

1. Si te gusta mucho hacer deporte durante tus viajes, ______________
2. Si quieres ver el mar, ______________
3. Si quieres salir por la noche a divertirte, ______________
4. Si no quieres gastar mucho dinero, ______________
5. Si te interesa mucho la cocina dominicana, ______________
6. Si te gusta nadar, ______________
7. Si quieres un cuarto muy grande, ______________
8. Si es un viaje de negocios, ______________
9. Si no quieres tener calor, ______________

Nombre: ________________________ Fecha: ________________

7-13 **Telling the time. Complete these dialogues with the missing words.**

1. • ¿Qué hora __________?
   ○ __________ un cuarto para las ocho.
2. • ¿ __________ hora sale la guagua para Punta Cana?
   ○ Sale __________ 10:30.
3. • ¿ __________ hora __________ está abierto el mercado?
   ○ Desde las 8 hasta las 7.
4. • ¿Qué horario tiene la agencia de viajes Solimar?
   ○ Abren __________ 9 __________ la mañana __________ 6 __________ la tarde.
5. • ¿Sabes cuándo abren las tiendas en Santo Domingo?
   ○ Pues normalmente a las nueve o nueve y media de la __________.

7-14 **Rick left some questions on the travel agent's answering machine. Can you complete them? There can be more than one word in each space.**

Buenos días, señorita Paredes. Soy Rick. Mire, quisiera saber (1)__________ vuelos hay de Santo Domingo a Punta Cana, (2)__________ hora sale el vuelo directo, (3)__________ puedo ir de Punta Cana (4)__________ Playa Dorada, y (5)__________ cuesta todo esto. También (6)__________ reservar una habitación para la noche (7)__________ 12 (8)__________ mayo. No necesito hotel para (9)__________ 13 porque voy a quedarme con unos amigos. Bueno, muchas gracias. Adios.

7-15 **Some friends are going to visit an imaginary country. How are they going to travel? Write sentences as in the example.**

EJEMPLO: *De Bolinque a Santa Fe van a ir en carro.*

1. ____
2. ____
3. ____

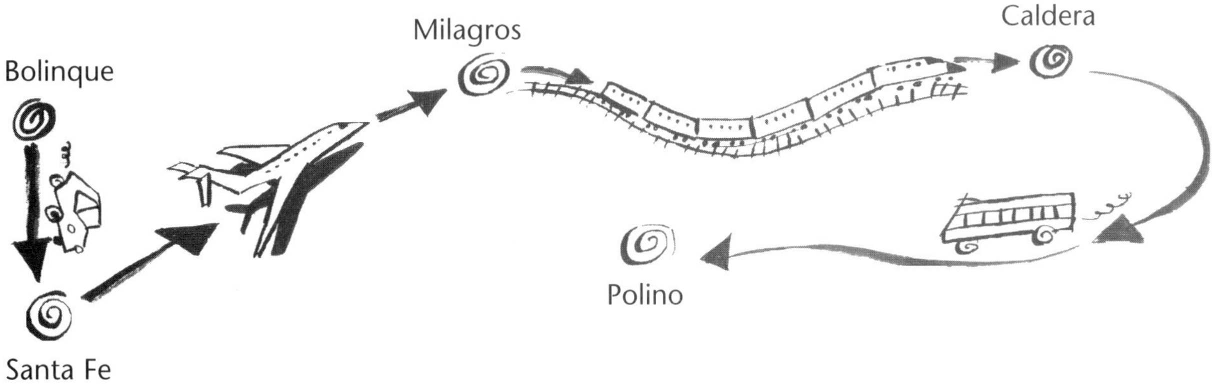

Milagros Caldera

Bolinque

Polino

Santa Fe

Nombre: ______________________________ Fecha: ____________________

Autoevaluación

En general:				
Mi participación en clase...				
Mi trabajo en casa				
Mis progresos en español...				
Mis dificultades...				

Y en particular:					
Gramática					
Vocabulario					
Pronunciación					
Lectura					
Comprensión					
Escritura					
Cultura					

Diario personal

GENTE QUE VIAJA contiene mucha información sobre aspectos culturales de la República Dominicana. Me parece interesante, por ejemplo, que ______________________________, y también me gusta mucho el texto sobre ______________________________.

Con respecto a los aspectos culturales, yo pienso que ______________________________.

Me parece muy útil aprender a ______________________________. Creo que necesito trabajar un poco más sobre ______________________________.

8 gente que come bien

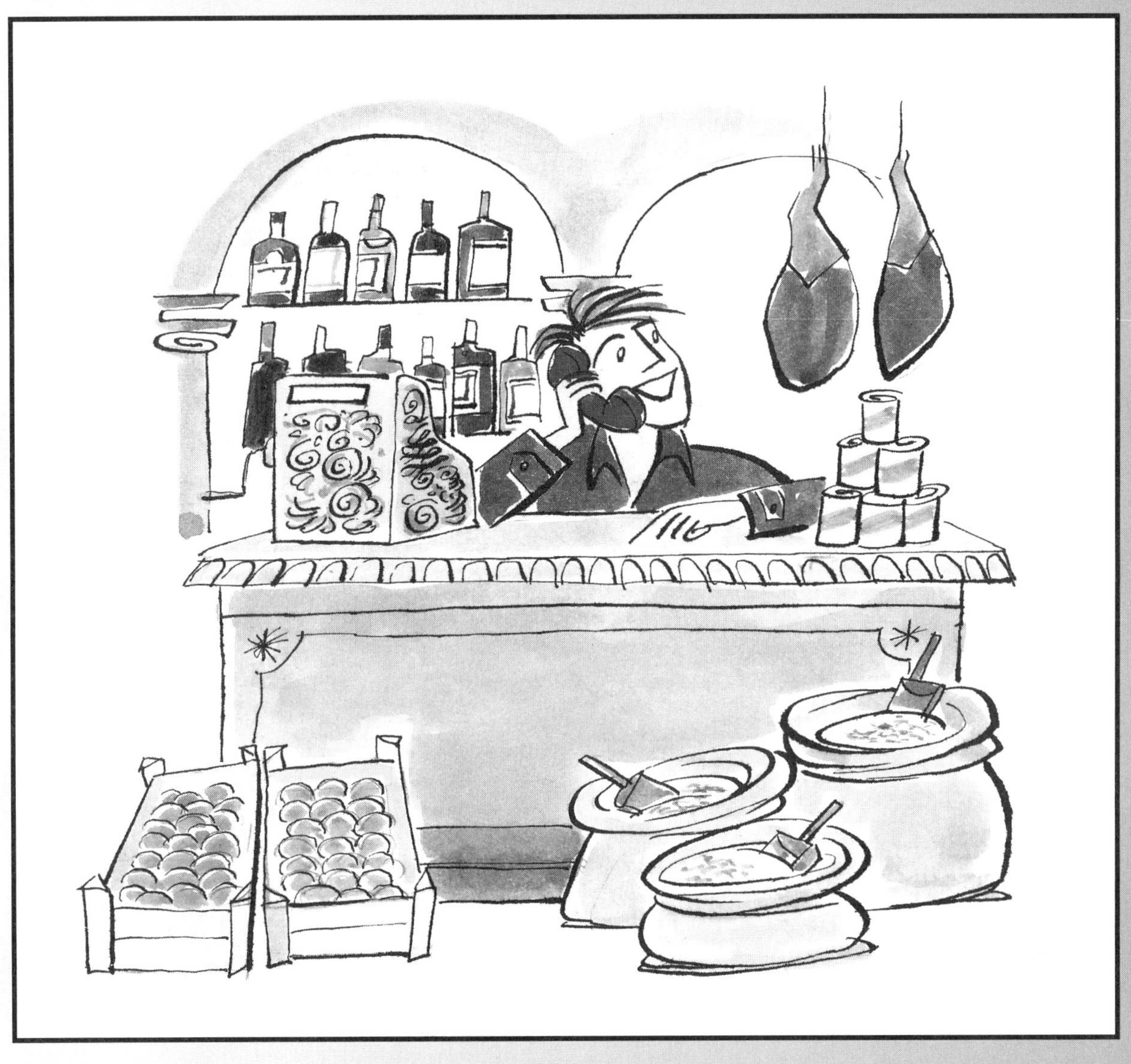

Nombre: ______________________ Fecha: ______________

8-1 **Look at pages 163 in your textbook. Write the names of the products shown in the blank spaces below, according to your preferences.**

Me gustan muchísimo...
las uvas

1. Me gustan muchísimo...
____
2. Me gusta bastante...
____
3. Me gustan bastante...
____
4. No me gusta mucho...
____
5. No me gustan mucho...
____
6. No me gusta nada...
____
7. No me gustan nada...
____

8-2 **Complete these two shopping lists using the words below.**

paquetes docena litros kilos gramos latas paquete botella

2 ________ de leche
1 ________ de azúcar
3 ________ de cerveza
1 ________ de huevos

2 ________ de manzanas
1 ________ de vino tinto
250 ________ de queso
3 ________ de macarrones

8-3 **There is a new employee at Supermercado Blasco. Can you help him organize all these products? Group the following words into categories.**

la leche la lechuga la cerveza el jamón los camarones los pepinos las cerezas la ternera los plátanos las fresas las naranjas el ron los limones el cordero los espárragos las manzanas el cerdo las cebollas el vino el pollo las zanahorias

LA VERDURA	EL PESCADO	LAS CARNES	LA FRUTA	LAS BEBIDAS

Nombre: ______________________________ Fecha: ____________________

8–4 **This conversation takes place in a grocery store. Listen and then choose the right answers.**

1. ¿Qué dice el cliente para preguntar el precio de un producto?
   - ☐ ¿Cuánto valen las fresas?
   - ☐ ¿A cuánto están las fresas?
   - ☐ ¿Cuánto cuestan las fresas?
2. ¿Y para preguntar el precio total?
   - ☐ ¿Cuánto vale todo?
   - ☐ ¿Cuánto cuesta todo?
   - ☐ ¿Cuánto es todo?
3. ¿Qué compra?
   - ☐ Fresas, huevos y azúcar.
   - ☐ Jamón, azúcar y fresas.
   - ☐ Leche, jamón y huevos.

8–5 **This conversation takes place in a grocery store. Complete it, using the vocabulary from your textbook.**

• Hola, buenos días, ¿Qué desea?
○ ______________________________

• Pues sí, tenemos éstos, que son fantásticos.
○ ______________________________

• Un kilo, muy bien. ¿Algo más?
○ ______________________________

• A doscientos cincuenta la docena.
○ ______________________________

• Pan no tenemos. Lo siento.
○ ______________________________

• A ver, son... 525 pesos.
○ ______________________________

• Gracias a usted. Que le vaya bien.

Nombre: ______________________________ Fecha: ____________________

8–6 **Do you eat well? Take this survey and find out.**

¿Comes carne de cerdo?

- ☐ a. Sí, una vez por semana.
- ☐ b. Sí, cinco veces por semana.
- ☐ c. No, nunca.

¿Comes huevos?

- ☐ a. Sí, dos huevos por semana.
- ☐ b. Sí, cada día.
- ☐ c. No, casi nunca.

¿Tomas leche?

- ☐ a. Sí, un poco de leche con las comidas.
- ☐ b. Sí, todos los días tomo un vaso o dos.
- ☐ c. No, no tomo leche.

¿Comes "comida rápida"?

- ☐ a. Sí, de vez en cuando.
- ☐ b. Sí, a menudo.
- ☐ c. No, nunca he estado en un McDonald's.

¿Bebes agua?

- ☐ a. Sí, un litro y medio al día.
- ☐ b. ¿Agua? Sí, en la ducha.
- ☐ c. Sí, tres litros al día.

¿Comes pescado?

- ☐ a. Sí, una o dos veces por semana.
- ☐ b. No, no me gusta. Tiene espinas.
- ☐ c. No me gusta mucho pero lo como porque es sano.

¿Las ensaladas?...

- ☐ a. Me gustan y las como siempre.
- ☐ b. ¡Qué horror!
- ☐ c. Son mi plato preferido.

número de respuestas A:	número de respuestas B:	número de respuestas C:

RESULTADO:

Si tienes muchas respuestas A: te alimentas equilibradamente.

Si tienes muchas respuestas B: cuidado, tienes que cambiar algunos hábitos.

Si tienes muchas respuestas C: te alimentas bien pero no hay que exagerar. No hay que ser tan estricto con la dieta...

Nombre: ______________________________ Fecha: ____________________

8-7 **Make a list of all the frequency expressions from the previous exercise. Then write some sentences describing *your* eating habits. Each sentence should include one of these words or phrases.**

EJEMPLO: Bebo dos litros de agua al día.

8-8 **Here are descriptions of some popular Cuban dishes. What are their names? Match the descriptions up with each word below.**

1. Es un postre muy popular. Se hace con yuca, malanga y boniato. Lleva anís y canela, además de huevos, harina, azúcar y vino.

2. Es una sopa propia del campo que se come en todos los hogares cubanos. Se compone de diversos ingredientes: vegetales como la yuca y el boniato y diferentes carnes, todo mezclado. También se puede poner plátanos verdes y maíz.

3. Es un coctel que combina el ron cubano con hojas de hierbabuena, azúcar, limón, soda y hielo.

MOJITO____ AJIACO____ BUÑUELOS____

Nombre: ______________________________ Fecha: ____________________

8-9 **The employees at Casa Leonardo are having trouble organizing these dishes for the menu. Can you help them out?**

camarones con ajo y limón

bistec de ternera con papas

flan de huevo

tarta de plátano

helado de fresa

huevos fritos con arroz

sopa de pescado

ensalada de frutas tropicales

manzana

pollo asado

ensalada de zanahorias y pepinos

frijoles negros

espárragos con mayonesa

Can you add some other dishes to the menu?

Menú del día

Primer plato

____

____

____

____

____

Segundo plato

____

____

____

____

____

Postre

____

____

____

____

____

____

8-10 **Imagine you are the chef and write down your favorite menu. Use your dictionary if you need it.**

Mi menú favorito

De primero

____

____

____

De segundo

____

____

____

De postre

____

____

____

Nombre: ______________________ Fecha: ______________

8-11 **A friend gave you this list of ingredients to prepare applesauce but there are some problems with the measurements. Mark all the mistakes you see. Use *demasiado/a/os/as, mucho/a/os/as, suficiente/s, poco/a/os/as.***

EJEMPLO: Lleva demasiada agua.

____

____

____

____

____

INGREDIENTES (para seis personas)
2 manzanas
500 g de mantequilla
1 litro de agua
medio vaso de vino blanco
10 g de sal
50 g de pimienta

8-12 **If you want the complete applesauce recipe, you need to match the information in the first column with the information in the second column.**

Se pelan	un poco de mantequilla en una cacerola
y se cortan	las manzanas con un poco de sal.
Después, se calienta	durante diez minutos.
y se añaden	las manzanas
Se pone	en trozos pequeños.
y se hierve todo	un vaso de agua y medio de vino blanco

8-13 **Can you find two examples of foods or dishes for each category? Don't repeat any!**

1. Se comen crudos: *plátanos,* __________.
2. Se hacen en una sartén: __________, __________.
3. Se hierven: __________, __________.
4. Se asan en el horno: __________, __________.
5. Llevan salsa: __________, __________.
6. Se comen sin sal: __________, __________.
7. Se pelan: __________, __________.
8. Se comen con piel: __________, __________.

Nombre: ______________________ Fecha: ______________________

8-14 **Read the following recipe. Put the correct impersonal SE form of the verbs in parentheses on the lines provided.**

Bueno, en Cuba (comer) (1)_________ muy bien, especialmente en materia de postres. Éste es muy popular: flan de piña. Primero (mezclar) (2)_________ un vaso de jugo de piña con 3 cucharadas de azúcar y (poner) (3)_________ a hervir hasta que tenemos un almíbar. (Dejar) (4)_________ refrescar. Luego (batir) (5)_________ seis yemas de huevo, agregándoles poco a poco el almíbar de piña y unas gotas de vainilla. (Poner) (6)_________ todo en un molde grande acaramelado con una taza y media de azúcar. (Cocinar) (7)_________ al baño de María en el horno caliente a 375 grados durante una hora y cuarto. Los flanes normalmente (adornar) (8)_________ con un merengue hecho con las seis claras que quedan de los huevos y (decorar) (9)_________ con ruedas de piña de lata y guindas.

8-15 **This recipe is not very well written: too many words are repeated. Can you correct it using the direct object pronouns *lo, la, los,* and *las*?**

AJIACO CUBANO

Ingredientes (para 6 personas)

Tasajo (cecina):	150 gr	Carne de cerdo:	145 gr
Tocino:	88 gr	Plátano pintón:	200 gr
Malanga:	200 gr	Maíz tierno:	200 gr
Calabaza:	200 gr	Boniato:	200 gr
Salsa criolla:	75 gr	Sal:	40 gr
Aceite vegetal:	60 ml	Agua (aprox.):	2.3 l

Preparación:
Se remoja el tasajo durante 12 horas. Luego hay que cocinar (1) el tasajo en agua, durante 30 minutos; después se le añade la carne de cerdo. Después hay que sacar las carnes, limpiar (2) las carnes y cortar (3) las carnes en pedazos. Pones el caldo al fuego e incorporas en primer lugar el maíz. Cocinas (4) el maíz unos 45 minutos y luego introduces las viandas cortadas en pedazos. Cortas el tocino en cubos pequeños, fríes ligeramente (5) el tocino en aceite, mezclas (6) el tocino con la Salsa Criolla y añades todo al ajiaco. Finalmente, se cocina todo 10 minutos más.

Nombre: ______________________ Fecha: ______________

8–16 **Sonia, Pedro Maldonado's wife, is explaining what they ate today. Complete the text with the following words.**

al horno	ensalada	patatas	fruta	sandwich
mermelada	leche	mantequilla	postre	jugo

Hoy, para desayunar, tomamos un café con (1)______ , (2)______ de naranja y pan con (3)__________ y (4)______________. Comimos tarde, a las tres, en casa de la madre de Pedro. Nos preparó un pescado (5)__________ con (6)__________que estaba riquísimo, y para (7)__________ hizo buñuelos. Para cenar, yo no tomé casi nada, sólo una (8)____________y un poco de (9)_________ pero Pedro se preparó un (10)_______ de jamón y queso.

8–17 **Listen to this Cuban cook explaining her recipe for *frijoles negros con arroz*. How many of the ingredients can you write down?**

______________________ ______________________

______________________ ______________________

______________________ ______________________

______________________ ______________________

______________________ ______________________

8–18 **Can you put the following dialogue, which takes place in a restaurant, in order?**

CAMARERO
- Buenas tardes. ¿Qué va a comer?
- ¿Y para beber?
- Es ternera, muy buena.
- ¿Y de segundo?

CLIENTE
- ❍ Pues entonces un bistec a la parrilla.
- ❍ Pues de primero los frijoles negros.
- ❍ Agua mineral sin gas. Muchas gracias.
- ❍ A ver... ¿esta carne a la parrilla, ¿qué tal es?

● ______________________________________

❍ ______________________________________

● ______________________________________

❍ ______________________________________

● ______________________________________

❍ ______________________________________

● ______________________________________

❍ ______________________________________

Nombre: ______________________________ Fecha: ____________________

Autoevaluación

En general:	☼	☼☁	☁☼	☁
Mi participación en clase...				
Mi trabajo en casa				
Mis progresos en español...				
Mis dificultades...				

Y en particular:					
Gramática					
Vocabulario					
Pronunciación					
Lectura					
Comprensión					
Escritura					
Cultura					

Diario personal

De GENTE QUE COME BIEN, lo más interesante es ______________ y lo menos interesante es ______________________. Creo que ahora sé mucho sobre ______________________ pero me parece que todavía tengo problemas con ________________. También sé bastante sobre ________________ de Cuba y ________________. Lo que más me interesa de Cuba es ______________________________ y ______________________________________.

Me gustaría hacer más actividades para practicar______________________________________.

En general, desde el principio del curso, creo que he avanzado (muchísimo/mucho/bastante/poco) en mi conocimiento del español.

9 gente de ciudad

Nombre: ______________________________ Fecha: ____________________

9-1 **Read the following text about the city of Cuzco, Perú. Then, fill in the missing words from the list below. Two words are used more than once.**

CUZCO

Cuzco es la (1)__________ del Imperio Incaico, una ciudad llena de (2)__________ y reliquias históricas, de mitos y leyendas, que renacen cuando se recorren sus (3)__________ centenarias. Cuzco está en el valle del río Huatanay, en los Andes del Perú. En la actualidad, Cuzco es una ciudad abierta al mundo, que acoge con los brazos abiertos a los (4)__________, que fusiona (5)__________ precolombinos como el Amaru Cancha (Cerco de Serpiente), o el Kiswar Kancha, con joyas del mestizaje como la (6)__________, la (7)__________ de la Merced y el (8)__________ de San Blas. Cuzco está rodeado de impresionantes restos arqueológicos, como Machu Picchu, y de (9)__________ pintorescos como Pisaq, Calca y Yucuay, que mantienen las tradiciones de sus antepasados. La ciudad del Cuzco está dividida en doce (10)__________. Tiene (11)__________ estrechas, rectas y empedradas. Las paredes de los (12)__________ de la zona central son de piedra tallada, y en los (13)__________ son de adobe. La vida en la ciudad del Cuzco antiguo gira alrededor de su (14)__________ , donde la población celebra sus fiestas.

plaza	visitantes	distritos	capital	lugares	templo
catedral	monumentos	calles	edificios	iglesia	suburbios

9-2 **Make a list of the main advantages and disadvantages of the city or town where you live. Use vocabulary from the textbook.**

ASPECTOS POSITIVOS

Es un/a pueblo/ciudad muy __________
______________________________.
Hay ______________________________.
Se puede __________________________.
La gente ___________________________.

ASPECTOS NEGATIVOS

En _____ hay demasiado/a/os/as _______
y demasiado/a/os/as ________________.
Por otra parte, no hay suficiente/s
________________ ni ______________.
La gente es un poco ________________.

Nombre: ______________________ Fecha: ______________

9-3 You will hear ten questions about the city where you live. Listen to them and write down your answers. Then listen to them again and try to answer out loud, without looking at your notes.

1. ____________________
2. ____________________
3. ____________________
4. ____________________
5. ____________________
6. ____________________
7. ____________________
8. ____________________
9. ____________________
10. ____________________

9-4 Write ten sentences comparing the following two hotels. Use expressions such as *más... que, menos... que, tanto/a/os/as... como, tan...como,* and *el más...* to make comparisons.

HOTEL MIRASOL

- hotel de 5 estrellas
- 106 habitaciones dobles
- 1 piscina
- bar
- 3 restaurantes
- aire acondicionado en todas las habitaciones
- parking para 100 coches
- hidroterapia
- a 250 metros del centro histórico

HOTEL CUZCO

- 54 habitaciones dobles
- 3 piscinas
- 2 discotecas
- 1 restaurante
- jacuzzi y fitness
- aire acondicionado en todas las habitaciones
- parking para 30 coches
- parque infantil
- a 50 metros del centro histórico

1. ____________________
2. ____________________
3. ____________________
4. ____________________
5. ____________________
6. ____________________
7. ____________________
8. ____________________
9. ____________________
10. ____________________

Nombre: ______________________ Fecha: ______________

9-5 **How do you think life was during the period of the Incas? How is it now? Write comparisons, following the model. Use *más/menos,* and *no tanto/a/os/as.***

EJEMPLO: Ahora la gente vive más años.

Ahora ______________________ Ahora ______________________

Ahora ______________________ Ahora ______________________

Ahora ______________________ Ahora ______________________

Ahora ______________________ Ahora ______________________

9-6 **These are the ten most populated cities in the world. Although you may not know the number of people in each city, try to guess the order from the most to the least populated. List them below.**

Buenos Aires (Argentina) Sao Paulo (Brasil) Shanghai (China)
Karachi (Pakistan) Manila (Filipinas) Delhi (India)
Seúl (Corea del Sur) Moscú (Rusia) Estambul (Turquía) Bombay (India)

1. ______________________
2. ______________________
3. ______________________
4. ______________________
5. ______________________
6. ______________________
7. ______________________
8. ______________________
9. ______________________
10. ______________________

Nombre: ______________________ Fecha: ______________________

Now listen to the data and check if your hypotheses were correct. Write the following populations out in numerals.

Número de habitantes

trece millones trescientos mil ______________
doce millones seiscientos mil ______________
once millones novecientos mil ______________
once millones quinientos mil ______________
diez millones novecientos mil ______________
diez millones cuatrocientos mil ______________
diez millones trescientos cincuenta mil ______________
diez millones doscientos sesenta mil ______________
diez millones ______________
nueve millones setecientos mil ______________

9-7 **Which of these things would you like to do in your lifetime? Check them off and explain why.**

EJEMPLO: A mí me gustaría tener mucho dinero para viajar por todo el mundo.

- ☐ ir a Marte ______________
- ☐ viajar al mundo inca ______________
- ☐ ser invisible ______________
- ☐ conocer a un extraterrestre ______________
- ☐ adivinar el futuro ______________
- ☐ ser rey por un día ______________
- ☐ cambiar de trabajo ______________
- ☐ cenar con una estrella de cine ______________
- ☐ tener mucho dinero ______________
- ☐ vivir en una isla desierta ______________
- ☐ salir en televisión ______________

Nombre: ______________________ Fecha: ______________

9-8 **What are your thoughts on the following things? Give your opinion using superlatives (*-ísimo/a/os/as*). Look at the example below.**

EJEMPLO: cambiar de casa ⟶ Creo que cambiar de casa es emocionantísimo.

1. estudiar matemáticas
____
2. salir por la noche
____
3. conocer gente de otros países
____
4. aprender español
____
5. tener muchos amigos
____
6. el dinero
____
7. la familia
____
8. el amor
____

9-9 **Write these words on the map below.**

parque | río | fábrica | línea de autobús | centro (de la ciudad) | supermercado | puente | estadio | catedral

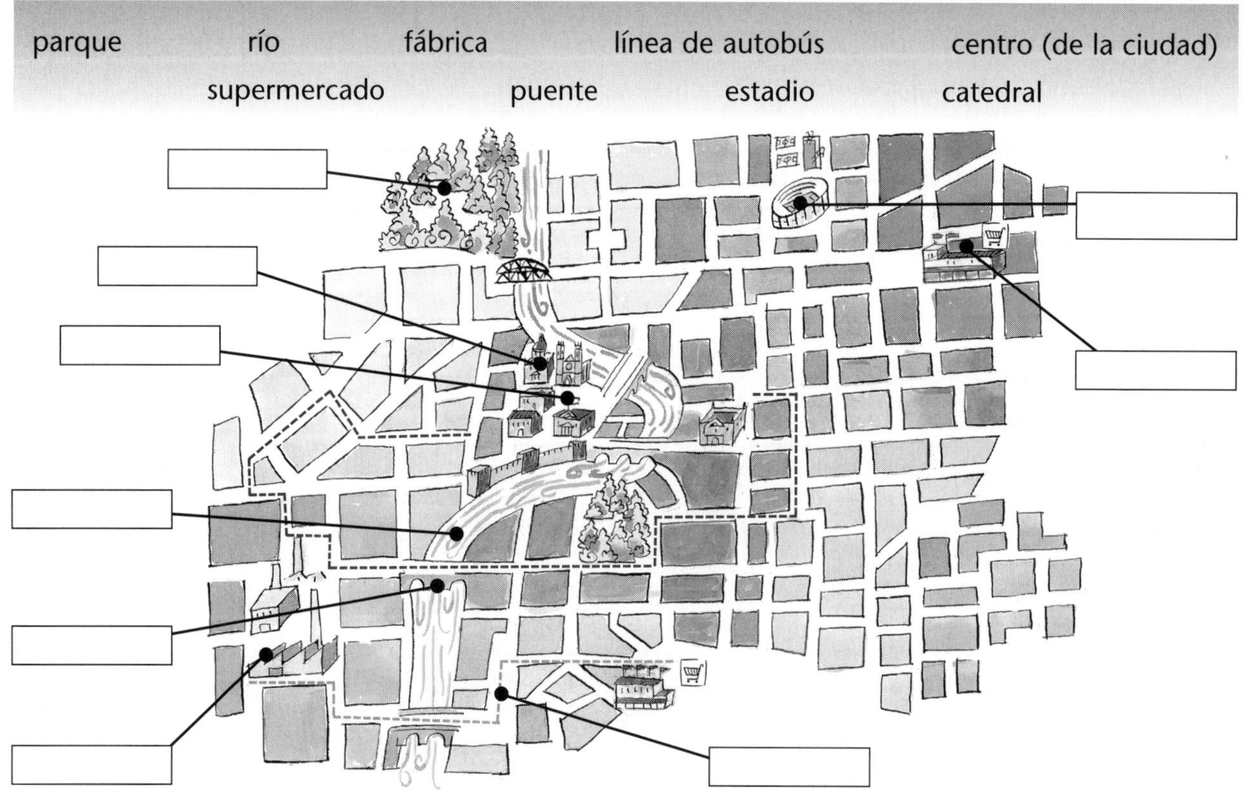

Nombre: ______________________ Fecha: ______________

9-10 **Think about your city or another one that you know well. Do they have the following things? Write eight statements like the examples below.**

EJEMPLO: Hay muchos parques.
No hay mucha vida nocturna.
No hay museos.

vida nocturna
turistas
personas de origen peruano
instalaciones deportivas
delincuencia
zonas verdes
colegios
guarderías
embotellamientos
hospitales
monumentos
vida cultural
contaminación
playas
edificios antiguos
consumo de drogas
museos
iglesias
cines
rascacielos
desempleo

1. ______________________
2. ______________________
3. ______________________
4. ______________________
5. ______________________
6. ______________________
7. ______________________
8. ______________________

Nombre: ______________________ Fecha: ______________

9-11 Someone is telling you about the city he comes from, but you can't hear the last word of each sentence. Listen and write in the missing words. Pick them from the list below.

estacionamiento	habitantes	fábricas	empleos	cines
guardería	ruido	calor	una piscina	peatonal

1. ______________________
2. ______________________
3. ______________________
4. ______________________
5. ______________________
6. ______________________
7. ______________________
8. ______________________
9. ______________________
10. ______________________

9-12 What is **your** opinion? Answer these questions in complete sentences, like the one in the example. Use expressions such as *me parece que, creo que,* and *pienso que.*

EJEMPLO: lo más útil para aprender español ——→ Creo que lo más útil es hablar con nativos.

1. lo más urgente en tu ciudad ——→ ______________________
2. lo mejor de la vida ——→ ______________________
3. lo peor de tu trabajo ——→ ______________________
4. lo más importante en la amistad ——→ ______________________
5. lo que funciona peor en tu país ——→ ______________________
6. lo más interesante de tu región ——→ ______________________
7. lo más extraño de tu país ——→ ______________________
8. lo más grave en el mundo ——→ ______________________

Nombre: ______________________ Fecha: ______________

9-13 **Now tell us your opinions in a different way by changing the structure of the sentences to *es* + adjective +infinitive.**

EJEMPLO: Lo más útil para aprender español ⟶ Es bueno hablar con nativos.

1. lo más urgente en tu ciudad ⟶ ______________________
2. lo mejor de la vida ⟶ ______________________
3. lo peor de tu trabajo ⟶ ______________________
4. lo más importante en la amistad ⟶ ______________________
5. lo que funciona peor en tu país ⟶ ______________________
6. lo más interesante de tu región ⟶ ______________________
7. lo más extraño de tu país ⟶ ______________________
8. lo más grave en el mundo ⟶ ______________________

9-14 **A Peruvian friend sent you this email. Think about your response and then write it in the space provided.**

Sin título

Enviar ahora | Enviar más tarde | Guardar como borrador | Añadir archivos adjuntos | Firma | Opciones | Reescomodar

Archivos adjuntos: ninguno

Verdana | Medio | B I U T

Querido/a amigo/a:

¿Cómo estás? Te mando sólo unas líneas porque vamos a vernos pronto. Bueno, eso espero. ¡Voy de vacaciones con unos amigos a tu país! Naturalmente, me gustaría verte y poder charlar un rato. ¿Crees que nos podemos encontrar en algún sitio? ¿Es interesante visitar la ciudad donde tú vives? Si me explicas un poco cómo es y crees que merece la pena, podemos quedarnos unos días por allá. ¿Qué te parece?

Espero tus noticias.

Un fuerte abrazo,
Fernando

____

____

____

____

____

____

Nombre: ______________________ Fecha: ______________

9-15 **Go to page 187 in your textbook, and reread the information about the Peruvian cities of Iquitos and Lima. Write eight sentences that compare them. Use a variety of comparative structures.**

EJEMPLO: Lima es más grande que Arequipa.

1. ______________________
2. ______________________
3. ______________________
4. ______________________
5. ______________________
6. ______________________
7. ______________________
8. ______________________

9-16 **Write definitions of the following places using *en el que* or *donde*, as in the example.**

EJEMPLO: puerto ——→ un lugar en el que hay barcos

centro de la ciudad	museo	playa	zona peatonal
cine	capital	gimnasio	hospital

____

____

____

____

____

____

____

____

Nombre: ______________________________ Fecha: ____________________

9-17 **Now you know a lot of things about Lima. With the following topics in mind, write eight sentences that compare Lima to your city or town.**

EJEMPLO: Mi ciudad es tan grande como Lima pero tiene menos monumentos.

el tamaño

el clima

el arte

los monumentos

la calidad de vida

el interés turístico

la economía

la contaminación

1. ______________________________
2. ______________________________
3. ______________________________
4. ______________________________
5. ______________________________
6. ______________________________
7. ______________________________
8. ______________________________

Nombre: ______________________________ Fecha: ____________________

Autoevaluación

En general:				
Mi participación en clase...				
Mis progresos en español...				
Mis dificultades...				

Y en particular:					
Gramática					
Vocabulario					
Pronunciación					
Lectura					
Comprensión					
Escritura					
Cultura					

Diario personal

En GENTE DE CIUDAD he aprendido (muchas/bastantes/algunas cosas) sobre varias ciudades peruanas. (Son/no son) muy diferentes a las de mi país. La ciudad que me parece más interesante es ______________.

Creo que lo más interesante de Perú es ______________________________.

Uno de los objetivos de este capítulo es aprender a expresar opiniones, y en mi grupo hemos practicado esto (mucho/poco/no suficientemente). (Todos/no todos) han participado mucho.

Creo que todavía tengo problemas con ______________________ pero he mejorado (mucho/bastante/un poco) en ______________________.

10 *gente* e historias I

Nombre: ______________________ Fecha: ______________

10–1 **Who did what? Match each name with an event.**

1. Llegó a Chile en 1536.
2. Fue presidente de Chile.
3. Recibió el Premio Nobel de Literatura en 1945.
4. Recibió el Premio Nobel de Literatura en 1971.
5. Consiguió la Independencia de Chile.
6. Fue número uno mundial de tenis.
7. Incorporó la isla de Pascua a Chile.
8. Llegó a Chile en 1540.

a. Pedro de Valdivia
b. Gabriela Mistral
c. Policarpo Toro
d. Marcelo Ríos
e. Bernardo O'Higgins
f. Pablo Neruda
g. Salvador Allende
h. Diego de Almagro

10–2 **When and where did you do these things for the first time? Write two sentences for each activity, as in the examples.**

	¿DÓNDE?	¿CUÁNDO?
EJEMPLOS: *comer paella*	*Comí paella por primera vez en España.*	*Fue en 1995.*
andar en bicicleta	*No me acuerdo.*	*Fue hace muchos años.*
1. estar en un país hispanohablante		
2. visitar un museo		
3. ver un gran espectáculo (un concierto de rock, un partido de fútbol, una ópera...)		
4. pasar unas vacaciones sin la familia		
5. ir a una boda		
6. votar en unas elecciones		
7. subir a un avión		
8. leer una novela		

Nombre: ______________________ Fecha: ______________

10–3 **You will hear ten people speaking. Which of these sentences logically follows what they are saying? Write the corresponding letter in the blanks.**

1. ______
2. ______
3. ______
4. ______
5. ______
6. ______
7. ______
8. ______
9. ______
10. ______

a. Vio "La Maja desnuda" de Goya. Le gustó mucho.
b. Pero no me bañé.
c. Vi "Las Meninas" de Velázquez. Me gustó mucho.
d. Bailé con mi novia y con unos amigos.
e. Y en 1971 se casó con ella.
f. Ganamos 3 a 0.
g. ¿Te quedaste dormido?
h. Ganó 3 a 0.
i. Pero no se bañó.
j. Y en 1970 me casé con ella.

10–4 **Listen again and then write all the preterit forms that you hear on the chart below.**

	VER	ESTAR	IR	CONOCER	JUGAR
yo	______	______	______	______	______
tú	______	______	______	______	______
él	______	______	______	______	______

Finally, complete the chart with all the verb forms that are missing.

10–5 **You have a Spanish journal. Write two brief paragraphs based on your activities.**

LO QUE HICISTE EL SÁBADO PASADO

____
____
____
____

LO QUE HICISTE AYER

____
____
____
____

Nombre: ______________________________ Fecha: ____________________

10-6 **Write in the correct preterit forms of the verbs in this biography.**

Víctor Jara Martínez: 1932–1973
Compositor y cantante popular

Víctor Jara (nacer) (1)__________ el 28 de septiembre de 1932 en un pequeño pueblo. (Ser) (2)__________ el menor de seis hermanos de una familia campesina. Desde niño, Víctor (tener) (3)__________ alma de músico. Su madre le (enseñar) (4)__________ sus primeros cantos. Más tarde, Víctor (trasladarse) (5)__________ a Santiago con su madre y sus hermanos. Su madre (morir) (6)__________ y entonces (decidir) (7)__________ ingresar en 1947 en un seminario. En 1957, Víctor Jara (ingresar) (8)__________ en la Escuela de Teatro de la Universidad de Chile para estudiar actuación. Durante la década de los sesentas (trabajar) (9)__________ componiendo y cantando. En 1960, Jara (recibir) (10)__________ el título de director teatral. En 1963 (llegar) (11)__________ a ser profesor de actuación de la Escuela de Teatro de la universidad. (Obtener) (12)__________ reconocimiento internacional y en 1967 (recibir) (13)__________ el premio de "La Crítica" en Inglaterra. En Inglaterra (componer) (14)__________ una de sus canciones más conocidas, *Te Recuerdo, Amanda,* dedicada a sus padres. Víctor es uno de los fundadores del movimiento de la Nueva Canción Chilena. En 1970 Jara (participar) (15)__________ activamente en la campaña presidencial de Salvador Allende, realizando recitales por todo el país. Después del triunfo de Salvador Allende en las elecciones presidenciales de 1970, Víctor (tomar) (16)__________ un importante papel en el desarrollo cultural y político del país. El día 11 de septiembre de 1973, durante el golpe militar, (ellos/detener) (17)__________ y (ellos/asesinar) (18)__________ a Víctor Jara en el Estadio Chile.

10-7 **Which of these expressions refer to a time in the past? Circle them.**

anteayer   la semana pasada   al mes siguiente   el mes anterior

la semana que viene   la próxima semana   hace dos meses   en aquel momento

en dos semanas   un año antes   aquella mañana   un mes después

10-8 **Listen to the sports news on the radio. Complete the chart with the information you hear.**

¿De qué deporte se trata?	¿Qué pasó?
1. ____________________	____________________
2. ____________________	____________________
3. ____________________	____________________

Nombre: ______________________ Fecha: ______________________

10-9 **Imagine that right now is the night of Thursday the 14th. Valentina is trying to explain to her friend what she did during the last few days, but she has a very bad memory. Correct her mistakes, as in the example.**

lunes 11
8h–9h clase de ruso
12h reunión con el Sr. Palacio
19h dentista

martes 12
viaje de trabajo a Santiago
de compras en Santiago: traje chaqueta azul en las rebajas
22h fiesta de cumpleaños de Gabriel

miércoles 13
comida con el jefe y unos clientes holandeses
partido de squash con Herminia
cena con Alfredo en una pizzería

jueves 14
de 9h a 11h clase de ruso
comida con Isabel, una vieja amiga
peluquería
supermercado

EJEMPLO: *No, esta mañana no jugó al squash con Herminia. Jugó ayer.*

____

____

____

____

____

____

____

Nombre: ______________________ Fecha: ______________

10-10 **When is the last time you did these things? Answer using the following words and phrases that indicate time.**

ayer · anteayer · anoche · el lunes/martes... pasado
la semana pasada · en 19... · el mes pasado · el año pasado

EJEMPLO: *Anoche comí un plato excelente. Fui a cenar con mi novio.*

comer un plato excelente	tener que decir una mentira
conocer a una persona rara	leer una buena novela
llorar viendo una película	perderte en una ciudad
gastar demasiado	oír una buena noticia
olvidar algo importante	tener una sorpresa agradable
ver un paisaje especialmente bonito	escribir una carta

____
____
____
____
____
____
____
____
____
____
____
____

Nombre: ______________________ Fecha: ______________

10-11 **Think about the following and write two events that occurred in the last ten years.**

EJEMPLO: En mi pueblo *abrieron* muchísimas tiendas y *construyeron* una biblioteca nueva.

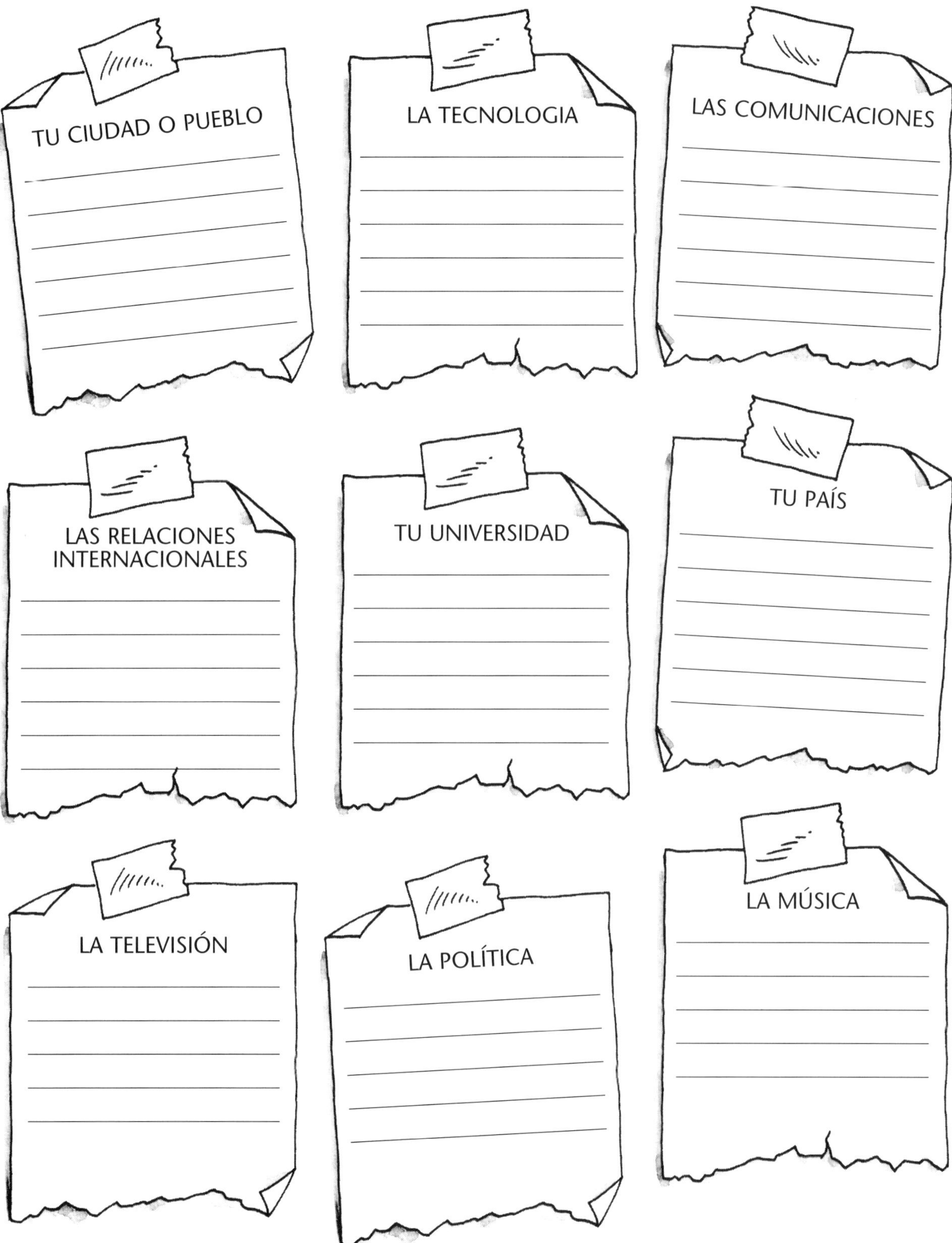

Nombre: ______________________ Fecha: ______________

10–12 **The following dates and events don't match up. Correct and rewrite the sentences, as in the example given.**

EJEMPLO: 1776 Colón DESCUBRIR América./1492
No fue en 1776 cuando Colón descubrió América; fue en 1492.

1898 DECLARARSE la independencia de EEUU/1776

____

1492 COMENZAR la Revolución Francesa/1789

____

1990 España DECLARAR la guerra a EEUU/1898

____

1969 TERMINAR la I Guerra Mundial/1918

____

1789 HABER un gran movimiento de estudiantes y obreros en Europa/1968

____

1918 PONER pie en la Luna (Neil Armstrong)/1969

____

1968 ESTALLAR la Guerra del Golfo/1990

____

10–13 **Imagine that you can interview one of the famous people pictured. Which question would you ask each person?**

1. ¿Cuál es su película favorita?

   A ______________________

2. ¿Cuándo habló por primera vez con Isabel la Católica?

   A ______________________

3. ¿Cuál fue su primer concierto fuera de su país?

   A ______________________

4. ¿Qué sintió al ver tanta gente en la Marcha por los Derechos Civiles?

   A ______________________

Nombre: ______________________ Fecha: ______________

Write two more questions for each person. Then think of another famous person (historical or current) whom you would like to interview and write three questions you'd like to ask.

1. ______________________
   ____
2. ______________________
   ____
3. ______________________
   ____
4. ______________________
   ____
5. otra persona: ______________
   ____
   ____
   ____

10–14 **Read the following statements about the life of Chilean poet and Nobel Prize winner Pablo Neruda and write the verbs in their correct form in the preterit.**

1. En el año 1965 (obtener) __________ el título de Doctor Honoris Causa en Filosofía y Letras de la Universidad de Oxford.
2. En 1938 (comenzar) __________ a escribir *Canto General*, obra referida a todo el continente americano.
3. El 6 de diciembre de 1930, el poeta (casarse) __________ con María Antonieta Hagenaar, una holandesa criolla de Java.
4. El 12 de julio de 1904 (nacer) __________ en la ciudad de Parral, Chile, Neftalí Ricardo Reyes Basualto, conocido en todo el mundo con el nombre de Pablo Neruda.
5. En junio de 1927 (comenzar) __________ su carrera diplomática al ser nombrado cónsul honorario en Rangún, Birmania. Entre 1927–1928 (viajar) __________ por toda Asia.
6. La primera publicación con el nombre de Pablo Neruda (aparecer) __________ en octubre de 1920 y el 28 de noviembre de ese mismo año (recibir) __________ el primer premio en la fiesta de la Primavera de Temuco.
7. A mediados del año 1923, Neruda (abandonar) __________ sus estudios universitarios para dedicar todo su tiempo a la creación literaria. Este mismo año (producir) __________ *Crepusculario*. El año 1924 (aparecer) __________ su famoso libro *Veinte poemas de amor y una canción desesperada*.
8. El 23 de septiembre de 1973, Neruda (morir) __________ en la ciudad de Santiago.
9. En 1945 (comenzar) __________ su carrera política. Ese mismo año (ganar) __________ el Premio Nacional de Literatura.
10. El 21 de octubre de 1971 (obtener) __________ el Premio Nobel de Literatura. En 1972 (regresar) __________ a Chile gravemente enfermo.

Nombre: ______________________ Fecha: ______________

10-15 **Now put all the information from the previous exercise in chronological order, starting with the earliest event. Include six connectors to give coherence to the biography.**

____

____

____

____

____

____

____

____

____

____

____

____

____

10-16 **Listen to Joaquín as he tells the story of Almagro's arrival in Chile. Then answer the questions.**

1. ¿Por qué fue Almagro a Chile?

____

2. ¿Qué problemas encontró?

______________________ y ______________________

3. ¿Qué hicieron Almagro y sus hombres?

____

Nombre: ______________________________ Fecha: ____________________

10-17 **Let's see how good your memory is. Here's a quiz on some of the information you read in this chapter.**

1. Chile recuperó su democracia en…
   - ☐ a. 1990
   - ☐ b. 1992
   - ☐ c. 1876

2. El conquistador español Diego de Almagro llegó a Chile…
   - ☐ a. antes de Valdivia
   - ☐ b. junto con Valdivia
   - ☐ c. después de Valdivia

3. En esta década ocurrió un gran terremoto en Chile.
   - ☐ a. sesentas
   - ☐ b. setentas
   - ☐ c. ochentas

4. José de San Martín fue un gran amigo de…
   - ☐ a. Pablo Neruda
   - ☐ b. Salvador Allende
   - ☐ c. Bernardo O'Higgins

5. La escritora chilena Gabriela Mistral ganó el Premio Nobel de Literatura en el año…
   - ☐ a. 1945
   - ☐ b. 1971
   - ☐ c. 1965

6. En 1888…
   - ☐ a. nació Salvador Allende
   - ☐ b. Policarpo Toro tomó posesión de la Isla de Pascua
   - ☐ c. murió Pedro de Valdivia

7. Los mapuches fueron…
   - ☐ a. los antiguos pobladores de la Isla de Pascua
   - ☐ b. un grupo indígena araucano de Chile
   - ☐ c. el tema de un libro de Gabriela Mistral

8. ¿Qué es Rapa Nui?
   - ☐ a. la Isla de Pascua
   - ☐ b. el dios de los mapuches
   - ☐ c. el creador del mundo

9. ¿Dónde está la Isla de Pascua?
   - ☐ a. en el Atlántico
   - ☐ b. en el Pacífico
   - ☐ c. en el Índico

10. ¿Cuál fue la primera ciudad de Chile, fundada en 1541?
    - ☐ a. Valparaíso
    - ☐ b. Santiago
    - ☐ c. Arauco

Nombre: ______________________ Fecha: ______________

Autoevaluación

En general:	☀	☀☁	☁☀	☁
Mi participación en clase...				
Mis progresos en español...				
Mis dificultades...				

Y en particular:					
Gramática					
Vocabulario					
Pronunciación					
Lectura					
Comprensión					
Escritura					
Cultura					

Diario personal

En esta lección aprendí muchas cosas sobre Chile. Las dos cosas más interesantes para mí fueron ______________ y ______________. También aprendí a narrar y un tiempo verbal nuevo: ______________. Esta forma verbal me parece más (fácil/difícil) que las otras que conozco. Tengo (muchas/algunas) dificultades todavía con ______________ y ______________ pero (tengo poca/no tengo ninguna) dificultad con ______________. Mis objetivos ahora son ______________ y ______________.

11 gente e historias II

Nombre: ______________________ Fecha: ______________

11-1 **Where and when did you first do the following things?**

	¿DÓNDE?	¿CUÁNDO?
comiste algo exótico	Comí caracoles en España.	Fue hace dos años.
manejaste un carro	No me acuerdo.	Cuando cumplí 16 años.
1. viajaste en avión		
2. bebiste algo con alcohol		
3. usaste una computadora		
4. recibiste un regalo increíble		
5. tuviste un accidente		
6. votaste en unas elecciones		

11-2 **Now add the circumstances and context to the sentences you wrote in 11–1. Make comments about the whole experience, choosing expressions from the boxes below.**

POR PRIMERA VEZ	CIRCUNSTANCIAS/CONTEXTO	VALORACIÓN
Comí caracoles hace dos años.	Estaba en España, en Burgos.	No me gustó nada.

CIRCUNSTANCIAS
Yo tenía... años.
Yo era un/a niño/a de ... años./Yo ya era mayor...
Yo estaba con unos amigos/mis padres/solo/a...
Había mucha gente./No había mucha gente.
Hacía frío/calor...
Allí estaba...
Yo estaba un poco nervioso/a...
Otras:

COMENTARIOS Y VALORACIONES
Me gustó mucho.
Me encantó.
No me gustó nada.
Fue un poco aburrido...
Fue muy interesante...
Otros:

Nombre: ______________________________ Fecha: ____________________

11-3 **You will hear ten different people speaking. Which one of these sentences is the logical continuation of what they are saying?**

1. _____ a. No había nada dentro.
2. _____ b. La puerta estaba abierta pero no había nadie.
3. _____ c. Estaba triste y no quería ver a nadie.
4. _____ d. No estabas en casa.
5. _____ e. El agua estaba demasiado fría.
6. _____ f. Mi familia tenía problemas y quería estar con ellos.
7. _____ g. Estaba cerrado.
8. _____ h. Su padre estaba muy enfermo.
9. _____ i. No ganaba mucho dinero.
10. _____ j. Me gustaba el contacto humano.

11-4 **Now listen to the finished sentences. Then complete this chart with the imperfect forms that you hear.**

singular	HABER	ESTAR	QUERER	GUSTAR	GANAR	TENER
1st person						
2nd person						
3rd person						

11-5 **You will hear two brief stories. Notice the intonation of the speakers. What is the main information (action)? Where are the details (description)? Mark them, as in the example.**

details → Estaba muy cansado, me dolía la cabeza, tenía mucho trabajo...

main information → decidí quedarme en casa.

1. Todo el mundo corría, nadie sabía qué hacer, había mucho ruido... De pronto vi a Jaime. Subí en su coche y salimos corriendo. Luego, en la autopista, otra vez: controles de policía, embotellamientos de coches, todo el mundo hacía sonar la bocina (*honking the horn*)... Llegamos a casa cansados y nos fuimos a dormir sin cenar.

2. No tenía noticias de él desde hacía varios días, no me escribía, no me llamaba, yo llamaba a su casa pero nadie respondía, otras veces tenía puesto el contestador automático pero luego no me devolvía la llamada: tomé el tren y fui a verlo. Lo encontré bastante deprimido. Estuvimos juntos aquel fin de semana y me explicó sus problemas.

Nombre: ______________________ Fecha: ______________

11-6 **You will hear ten incomplete sentences. Mark the phrase that best finishes each sentence.**

1. ☐ a. pero no sé escribirlo.
   ☐ b. al principio de la conferencia, y luego se expresó en inglés.

2. ☐ a. y tengo una beca del gobierno peruano.
   ☐ b. y luego regresó a su país.

3. ☐ a. pero no le gustaba mucho y buscó un puesto en un periódico.
   ☐ b. pero no me gusta mucho y me gustaría trabajar en la televisión.

4. ☐ a. pero la playa no me gusta.
   ☐ b. y conoció a su novio allá.

5. ☐ a. porque había mucho tráfico. Lo siento.
   ☐ b. y por eso no escuchó las palabras del Presidente.

6. ☐ a. y sus amigos tomaron el ascensor.
   ☐ b. porque no me gusta usar el ascensor.

7. ☐ a. Hacía mucho frío, pero no se movió de allí.
   ☐ b. Si tienes un problema, me llamas y voy a ayudarte.

8. ☐ a. Sus amigos lo esperaban en un restaurante y él iba a llegar tarde.
   ☐ b. El teléfono de mi casa no funciona bien.

9. ☐ a. Vio las noticias de la tele y se fue a dormir a las 11.
   ☐ b. Veo las noticias de la tele y me voy a dormir temprano.

10. ☐ a. así sé lo que pasa en el mundo antes de leer el periódico.
    ☐ b. pero no escuchó ninguna noticia sobre el accidente de tren.

Nombre: ______________________ Fecha: ______________

11-7 **You will hear three stories about how different people met. Write the number of the story in the box next to the right image.**

11-8 **Now listen to the stories again. Then write these sentences below each corresponding image.**

De niños, eran vecinos y jugaban juntos.

Él sabía que ella hacía teatro.

Él tenía un perro.

Él era el sobrino del profesor de ella.

Él estaba en un grupo de teatro.

Ellos bailaron hasta las 2 de la mañana.

El se parecía un poco a Elvis.

Nombre: ______________________ Fecha: ______________

11-9 **What was it like, living in the past? Read the following texts and decide which image best corresponds to which text.**

A. Este pueblo pasó rápidamente de la época prehistórica a la moderna. Sus antecesores vivían en zonas muy frías. No conocían la escritura, pero su cultura era una de las más ricas culturas prehistóricas: construían casas de hielo, fabricaban canoas para el verano, podían andar fácilmente por la nieve. Se alimentaban fundamentalmente de los animales que cazaban y pescaban. También creían que todos los elementos de la naturaleza tenían un alma como las personas. Se llamaban a sí mismos "Inuit", es decir, "los hombres".

B. Es una de las civilizaciones más antiguas, que nació y se desarrolló a lo largo de un río. Estaban gobernados por emperadores, a los que consideraban descendientes de los dioses y llamaban faraones. Para estos faraones construían grandes monumentos funerarios, en forma de pirámide. Su religión tenía un dios principal, Amon-Ra, que era el dios del sol. Otro dios muy importante era Osiris, dios de los muertos. Creían en una vida después de la muerte, por eso preparaban a los muertos para esa vida.

C. Vivían en ciudades-estado. Cada ciudad estaba gobernada por un jefe, que tenía poderes civiles y religiosos. La sociedad estaba organizada en diversas clases: nobles, sacerdotes, pueblo. También había esclavos. Tenían una religión en la que había diversos dioses. Adoraban a estos dioses y les ofrecían sacrificios. Uno de los más importantes era Itzamná, dios de la escritura y de los libros. La escritura era de carácter jeroglífico, como la de los egipcios.

1

2

3

Now underline all verbs that are in the imperfect form and include their infinitive form as in the example. You don't need to repeat verbs.

A. vivían ——► vivir ______________________

______________________ ______________________

______________________ ______________________

B. ______________________ ______________________

______________________ ______________________

______________________ ______________________

C. ______________________ ______________________

______________________ ______________________

______________________ ______________________

Nombre: ______________________ Fecha: ______________

11-10 **Think about six things that are different in your life. Write sentences about them, as in the example.**

EJEMPLO: Cuando era más joven fumaba, pero ahora no fumo.

1. ____________________
2. ____________________
3. ____________________
4. ____________________
5. ____________________
6. ____________________

How often did you do those things? Write complete sentences.

EJEMPLO: Fumaba *todos los días* cuando era joven.

1. ____________________
2. ____________________
3. ____________________
4. ____________________
5. ____________________
6. ____________________

Nombre: ______________________ Fecha: ______________

11-11 **Everything changes very fast. Think about these topics and write the changes that occurred within the last ten years.**

Antes... pero ahora...

EJEMPLO: En mi ciudad antes *había* muchas zonas verdes pero ahora no.

TU CIUDAD O PUEBLO

LA NATURALEZA

LAS COMUNICACIONES

LAS RELACIONES INTERNACIONALES

LOS TRANSPORTES

LA VIDA COTIDIANA

LA TELEVISIÓN

LA POLÍTICA

Nombre: ________________________________ Fecha: ____________________

11-12 **Let's see how good your memory is. Take this quiz about the things you read about in this chapter.**

1. En la época colonial, la zona de Nicaragua del Pacífico...
   - ☐ a. era inglesa.
   - ☐ b. era española.
   - ☐ c. era de EE.UU.
2. La Ruta del Tránsito...
   - ☐ a. estaba en EE.UU.
   - ☐ b. era para ir del Este al Oeste de EE.UU.
   - ☐ c. era para ir de Nicaragua a Inglaterra.
3. Cuando William Walker llegó a Nicaragua...
   - ☐ a. había mucha paz.
   - ☐ b. el país estaba dividido.
   - ☐ c. Nicaragua era un país independiente.
4. Cuando la dictadura de Somoza estaba en el poder...
   - ☐ a. el país era muy próspero.
   - ☐ b. el país estaba oprimido.
   - ☐ c. el país estaba contento.
5. En 1890 Nicaragua...
   - ☐ a. no tenía independencia.
   - ☐ b. pertenecía a la federación de Provincias Unidas de Centroamérica.
   - ☐ c. era un estado independiente.
6. Cuando Mark Twain llegó a al Lago de Nicaragua...
   - ☐ a. vio Managua.
   - ☐ b. vio la isla de Ometepe.
   - ☐ c. tuvo muchos problemas.
7. Los aborígenes de la isla de Ometepe...
   - ☐ a. eran monoteístas.
   - ☐ b. bebían sangre humana.
   - ☐ c. huyeron cuando llegaron los españoles.
8. El Frente Sandinista...
   - ☐ a. se fundó en 1976.
   - ☐ b. era un partido político.
   - ☐ c. tuvo a Sandino como líder.
9. En 1998...
   - ☐ a. hubo un terremoto en Nicaragua.
   - ☐ b. un huracán destruyó Nicaragua.
   - ☐ c. un volcán se activó en Nicaragua.
10. El terremoto de Managua...
    - ☐ a. fue en 1972.
    - ☐ b. fue muy pequeño.
    - ☐ c. mató a 3.000 personas.

In class, compare your answers with two of your classmates.

Nombre: ______________________________ Fecha: ____________________

11-13 **Complete this narration by writing the verbs indicated in the right tense and form.**

El viernes pasado Susana (ir) (1)____________ a casa de Rubén, y le (preguntar) (2)____________ si quería ir al cine con ella. Rubén le (decir) (3)____________ que sí porque se (sentir) (4)____________ un poco deprimido. (Ver) (5)____________ una película cómica. Luego, como (hacer) (6)____________ mucho frío, (ir) (7)____________ a una cafetería. (Haber) (8)____________ mucha gente, y entonces (decidir) (9)____________ volver a la residencia de estudiantes. Además, Susana (estar) (10)____________ muy cansada.

11-14 **Choose the right answers.**

1. • ¿Qué hiciste ayer por la tarde?
   ❍ ¡Uf! Estaba muy cansada, ____________ me fui a dormir.
   a. y por eso
   b. porque
   c. en esa época
2. • ¿Terminaste de leer la novela?
   ❍ No, empecé el lunes pero ____________ tuve que trabajar.
   a. dentro de unos días
   b. así que
   c. al día siguiente
3. • Ayer, cuando me fui de la fiesta estabas bailando con Miguel. ¿Qué hiciste después?
   ❍ Pues, nada. bailamos hasta que cerraron el bar y después me ____________ a casa.
   a. fui
   b. iba
4. • Hola Alfonso.¿Qué sabes de Guillermo?
   ❍ Está muy triste. Se enfadó con su jefe y lo despidieron ____________ fue muy maleducado.
   a. así que
   b. porque
   c. entonces
5. • ¿A qué hora te ______________ ayer?
   ❍ A las diez.
   a. levantabas
   b. levantaste

Nombre: ______________________________ Fecha: ____________________

11-15 **Complete this story about an imaginary rock star. You can make up the facts... be creative!**

Paz nació en 1958 en un pueblecillo de Nicaragua. En aquella época en Nicaragua ______________________________. Pepe Candel, su padre, trabajaba en el campo. La vida en el pueblo ______________________________. Por eso, Pepe y su mujer decidieron irse a México. Entonces ______________________________. Paz tenía en aquel momento dos años y ______________________________. Cuando tenía sólo siete años participó en un concurso de la radio y ______________________________. A los 21 ______________________________, así que dejó los estudios y empezó a ______________________________. Decidió volver a Nicaragua y empezó a ______________________________. La productora discográfica Chinchinpum se fijó en ella y grabó su primer disco, que fue ______________________________. Muy pronto ocupó el número 1 en todas las listas de ventas. Entonces fue cuando ______________________________. Desde esa época, ______________________________. Actualmente ______________________________.

Nombre: ______________________________ Fecha: ____________________

11-16 **Read this Nicaraguan legend about how lake Cocibolca and the island of Ometepe were formed. Write the verbs indicated in the correct form of the preterite or imperfect.**

La leyenda de Ometepetl y Nagrando

Antes no (existir) (1)__________ la isla Ometepe ni el lago Cocibolca, solamente (haber) (2)__________ un valle con árboles y animales. En el centro del valle no (habitar) (3)__________ ningún ser humano, pero en sus alrededores (vivir) (4)__________ las tribus Nagrandanos y Niquiranos. Una bellísima muchacha llamada Ometepetl (vivir) (5)__________ en la tribu Niquiranos; en la tribu Nagrandanos (vivir) (6)__________ un indígena guerrero llamado Nagrando. Ellos (enamorarse) (7)__________ perdidamente a pesar de que (*although*) las dos tribus (ser) (8)__________ enemigas. Cuando el padre de la novia (averiguar) (9)__________ lo sucedido, (comenzar) (10)__________ una persecución de varios días. Los novios, que (desear) (11)__________ terminar la persecución y perpetuar su amor, (besarse) (12)__________, (rezar) (13)__________ a los dioses y luego (cortarse) (14)__________ las venas uno al otro hasta morir. En ese instante el cielo (oscurecerse) (15)__________ y (haber) (16)__________ un gran diluvio formando el Lago Cocibolca. Nagrando (crecer) (17)__________ hasta formar un volcán: el Zapatera. Ometepetl (convertirse) (18)__________ en la bella isla de Ometepe.

Nombre: ______________________ Fecha: ______________

Autoevaluación

En general:	☼	☼/nube	☼/nube	nube
Mi participación en clase...				
Mis progresos en español...				
Mis dificultades...				

Y en particular:					
Gramática					
Vocabulario					
Pronunciación					
Lectura					
Comprensión					
Escritura					
Cultura					

Diario personal

Ya vimos la mitad del libro, y en este tiempo aprendí muchas cosas. De Nicaragua me interesaron especialmente estos aspectos: ______________________. En esta lección también aprendí otra forma verbal: ______________. Esta forma me parece (más fácil/más difícil) que el pretérito. Mis dificultades con la narración en español son ______________________ pero estoy mejorando ______________. Mis objetivos ahora son ______________ y ______________.

12 gente que trabaja

Nombre: ______________________ Fecha: ______________

12-1 **Which professions are these qualities useful for? You can use a dictionary if you need to. One is done for you.**

ser amable	saber escuchar	tener paciencia	ser comunicativo/a
vendedor	______	______	______
______	______	______	______
______	______	______	______

ser tranquilo/a	ser organizado/a
______	______
______	______
______	______

12-2 **Write two lists: one with the three professions that interest you the most, and another one with three professions that do not interest you at all. Then explain why.**

Las que más me interesan

profesión	razones
______	______
______	______
______	______

Las que menos me interesan

profesión	razones
______	______
______	______
______	______

Nombre: ______________________ Fecha: ______________

12-3 Listen to these five women being interviewed about their life and work. Decide which conversation corresponds to each woman, and write the number in the box next to her name.

Nombre: ______________________ Fecha: ______________________

12-4 **Complete these help wanted ads with the words in the box.**

A.

(1)________ de Ventas, importante
(2)________ de productos lácteos

Venezuela, Maracaibo, Zulia

Descripción

Se solicita un jefe de ventas entre 28 y 32 años para cubrir las funciones de supervisión del personal del (3)________ de ventas. Con una (4)________ mínima de tres años en el área de ventas y supervisión de (5)________. Habilidad para trabajar en ambientes altamente (6)____________.

Licencia de manejar. Coche de la compañía.

Sexo: Hombre o mujer

área	compañía	competitivos
vendedores	experiencia	jefe

B.

G & P Desarrollo Humano ETT
Asesor Educativo Bilingüe

Para el ofrecimiento d[illegible] ɔs más variados cursos de idiomas alre[illegible]dor d[illegible] mundo y programas académicos de inglés.

Elaboración de (1)__________.

Debe poseer alto nivel de (2)__________ o ser (3)__________.

Nota: Es un trabajo de oficina.

Localidad: Caracas

(4)__________: 500.000 + comisiones (30$ por curso vendido)

Comienzo: Inmediato

Duración: Indeterminada

Tipo de trabajo: (5)__________ completo

Solicitudes: Enviar currículum vía e-mail

Contacto: Mercedes Cequea

inglés	currículum	
tiempo	sueldo	bilingüe

C.

(1)__________ para compañía multinacional

Nivel académico: Máster en administración de (2)__________

Redacción de cartas, manejo de central telefónica, trabajo bajo presión, manejo de equipos de (3)__________, archivo...

Conocimientos y (4)__________ específicas: Atención al cliente, (5)__________ de Word, Excel, gestión de ventas, coordinación y control de gestión de compras (6)__________ e internacionales.

Tipo de trabajo: Tiempo completo

habilidades	empresas	nacionales
dominio	oficina	administrativo

Nombre: ______________________ Fecha: ______________

12-5 **Elvira, Gerardo, and Gracia are unemployed. Which of the jobs advertized in 12–4 would you recommend for each of them and why?**

GERARDO PALENCIA VERA

Tiene 26 años.
Ha sido jefe de ventas de una compañía de coches.
Ha trabajado en ambientes muy competitivos.
Ha enseñado inglés a niños en una academia.
Es experto en el uso de Microsoft Office y otras aplicaciones informáticas.
Tiene licencia de manejar.

Gerardo puede solicitar el puesto de __________ porque ______________________.

ELVIRA RUIZ DAZA

Tiene 28 años.
Tiene un Máster en administración de empresas.
Le encanta viajar.
Es muy comunicativa.
Habla inglés, alemán y francés.
Ha trabajado en una agencia de viajes.
No tiene licencia de manejar.

Elvira puede solicitar el puesto de __________ porque ______________________.

GRACIA VERA GABILONDO

Tiene 36 años.
Es licenciada en ciencias económicas.
Ha vivido dos años en Irlanda y habla muy bien inglés y español.
Ha trabajado seis años como directiva en una empresa de productos químicos.
Le interesa mucho el trabajo en equipo.
Tiene licencia de manejar.

Gracia puede solicitar el puesto de __________ porque ______________________.

12-6 **Complete these job interview questions with the correct words from the box. Then, add three more questions of your own.**

1. ¿Le gusta el trabajo __________?
2. ¿Tiene usted __________ en ventas?
3. ¿Es usted __________?
4. ¿Tiene __________ del humor?
5. ¿Es usted una persona __________?
6. ¿Sabe hablar __________?
7. ¿Sabe __________ una computadora?
8. ¿Le gusta __________?

OTRAS PREGUNTAS

____

____

____

usar ordenado/a viajar en público comunicativa
experiencia sentido en equipo

Nombre: ______________________ Fecha: ______________________

12-7 **Which words or expressions do you use with each of these verbs? Some can be used with more than one.**

saber...	tener...	tocar...	hacer...
____	____	____	____
____	____	____	____
____	____	____	____

escribir...	ser...
____	____
____	____
____	____

escuchar idiomas experiencia buena presencia
poesía dinámico/a deporte el piano sociable
paciencia tímido/a informática teatro novelas ejercicio

12-8 **Here are the infinitive forms of some verbs you already know. Do you remember how to form their past participles?**

	Verbo	**Participio**
EJEMPLO:	jugar	jugado
	ir	____
	dormir	____
	tener	____
	buscar	____
	visitar	____
	pronunciar	____
	escribir	____
	hacer	____
	decir	____
	leer	____
	estar	____
	ser	____
	pagar	____
	alquilar	____

Nombre: ______________________ Fecha: ______________

12-9 **Which of these things have you done? How often? Write about it, following the example.**

EJEMPLO:

ir de compras	He ido de compras	todos los fines de semana.
1. hablar por teléfono con...	______	______
2. navegar por internet	______	______
3. escribir una carta a...	______	______
4. comer	______	______
5. enojarse con...	______	______
6. trabajar	______	______
7. manejar mi carro a...	______	______
8. encontrar	______	______
9. visitar a...	______	______
10. hablar español con...	______	______

12-10 **Which of the following things have you already done, and which haven't you done yet? Write your answers using *ya* and *todavía/aún no*.**

romperse un hueso ______________________

visitar un país hispanohablante ______________________

comprarse un coche ______________________

graduarse ______________________

casarse ______________________

estudiar para tu próximo examen ______________________

Nombre: ______________________ Fecha: ______________

12-11 **Complete this list with the names of famous people you have heard of. How many can you name?**

DATOS	NOMBRE
Ha ganado un Óscar.	
Ha ganado Wimbledon.	
Ha sido presidente de EE.UU.	
Ha luchado contra el racismo.	
Ha ganado el Tour de Francia siete veces.	
Ha escrito novelas en español.	
Ha estado en la cárcel.	
Ha vivido en Cuba.	
Ha tocado muchas veces con John Lennon.	
Ha trabajado con Spielberg.	
Ha escrito una novela en francés.	
Ha participado en unas olimpiadas.	

12-12 **You will hear interviews with three Venezuelans who are looking for a job: Ramón, Amalia, and Clara. Who has done what? Check it off on the chart.**

	RAMÓN	AMALIA	CLARA
Ha estudiado en la universidad.			
Ha trabajado de camarero/a.			
Ha estudiado geografía.			
Ha trabajado en el extranjero.			
Ha dado clases en una academia privada.			
Habla tres idiomas extranjeros.			
Ha trabajado y estudiado al mismo tiempo.			
Ha hecho la tesis doctoral.			
Habla inglés.			
Ha vivido en Francia y en EE.UU.			

Nombre: ______________________________ Fecha: ______________________

12-13 **Here are the names of some famous people. Choose eight of them and write sentences about what they can do (*saben hacer*) OR what they have done (*han hecho*).**

Mick Jagger — BILL CLINTON

Dustin Hoffman — RONALDO

ENRIQUE IGLESIAS — Paul McCartney

Madonna — SHAKIRA

Bill Gates — *Marcelo Ríos*

RALPH LAUREN — OMAR VIZQUEL

1. ______________________________
2. ______________________________
3. ______________________________
4. ______________________________
5. ______________________________
6. ______________________________
7. ______________________________
8. ______________________________

12-14 **Listen to the following questions and answer them based on your own experience.**

EJEMPLO:
- ¿Hablas italiano?
- Sí, un poco.

1. ______________________________
2. ______________________________
3. ______________________________
4. ______________________________
5. ______________________________
6. ______________________________
7. ______________________________
8. ______________________________
9. ______________________________
10. ______________________________

Nombre: ______________________________ Fecha: ____________________

12-15 **Place these words into the appropriate semantic field and then add two more words to each.**

- àmbito laboral:

____

____

- cualidades profesionales:

____

____

- profesiones:

____

____

empleo dependiente requisito cajero trabajador vendedor
contrato extrovertido solicitante desempleo amable
paciente salario contable

12-16 **Complete these dialogues with *ya, todavía/aún,* or *todavía/aún no.***

1. • ¿ __________ han abierto el supermercado?
   ○ No, __________ han abierto.
2. • ¿ __________ no ha llegado Juan? ¡Son las ocho!
   ○ Sí, sí, __________ ha llegado.
3. • Son las nueve de la mañana y __________ no han abierto la farmacia.
   ○ Pero __________ es pronto: abren a las nueve y media.
4. • ¿ __________ estás aquí? Creía que estabas en la escuela. Son las nueve de la mañana.
   ○ Es que __________ ha llegado el autobús.

Nombre: ______________________ Fecha: ______________

Autoevaluación

En general:	☼	☼ ☁	☼ ☁	☁
Mi participación en clase...				
Mis progresos en español...				
Mis dificultades...				

Y en particular:					
Gramática					
Vocabulario					
Pronunciación					
Lectura					
Comprensión					
Escritura					
Cultura					

Diario personal

En GENTE QUE TRABAJA he aprendido (muchas/bastantes/pocas) cosas nuevas. Ha sido interesante la actividad ______________, y lo que menos me ha gustado ha sido ______________. He tenido problemas con ______________. Creo que ahora puedo hablar del mundo del trabajo (muy bien/bien/regular/con muchos problemas), y puedo describir mi profesión o la de otros (muy bien/ bien/regular/con muchos problemas). También puedo ______________ y ______________. Hay cosas difíciles, como por ejemplo, ______________ porque en mi lengua (es/son) (muy/bastante) diferente/s. No entiendo completamente bien ______________. Lo que más me ha interesado de Venezuela ha sido ______________.

13 gente y lenguas

Nombre: ______________________________ Fecha: ____________________

13-1 **Read the following documents, and identify all the vocabulary that refers to learning and teaching languages.**

1

Muy Sres. míos:

Me dirijo a ustedes para solicitar información sobre sus cursos de español para extranjeros. Mi nivel actual de gramática es buena pero necesito mucha práctica de la lengua oral. Necesito el español en mi trabajo, porque muy frecuentemente tengo que participar en reuniones en español y hablar con colegas hispanohablantes. También necesito leer documentos y publicaciones científicas. Por favor envíenme información sobre los diferentes tipos de cursos, horarios y precios.

Un cordial saludo,
Klaus Wienberg

2

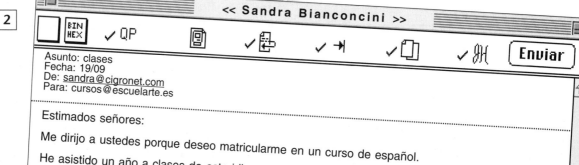

<< Sandra Bianconcini >>

BIN HEX ✓QP ✓ ✓ ✓ ✓ Enviar

Asunto: clases
Fecha: 19/09
De: sandra@cigronet.com
Para: cursos@escuelarte.es

Estimados señores:

Me dirijo a ustedes porque deseo matricularme en un curso de español.

He asistido un año a clases de este idioma pero mi nivel es de principiante. Estoy especialmente interesada en cursos con mucho trabajo gramatical y traducción. También necesito escribir en español para mis estudios.

Por favor envíenme toda la información sobre los cursos que ustedes imparten.

Atentamente,
Sandra Bianconcini

3

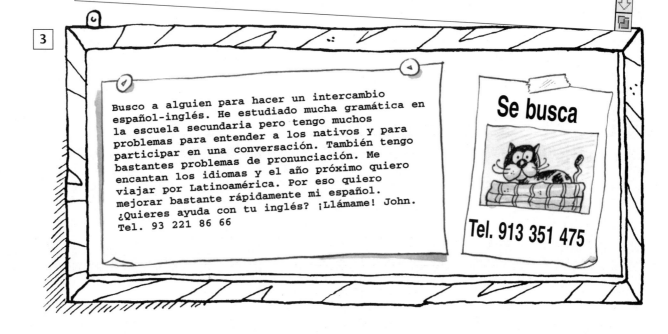

Busco a alguien para hacer un intercambio español-inglés. He estudiado mucha gramática en la escuela secundaria pero tengo muchos problemas para entender a los nativos y para participar en una conversación. También tengo bastantes problemas de pronunciación. Me encantan los idiomas y el año próximo quiero viajar por Latinoamérica. Por eso quiero mejorar bastante rápidamente mi español. ¿Quieres ayuda con tu inglés? ¡Llámame! John. Tel. 93 221 86 66

Se busca

Tel. 913 351 475

Nombre: ______________________ Fecha: ______________

1

NOMBRES	
VERBOS	
ADJETIVOS	

2

NOMBRES	
VERBOS	
ADJETIVOS	

3

NOMBRES	
VERBOS	
ADJETIVOS	

13-2 **What language is spoken in each of the following countries?**

1. China ______________________
2. Arabia Saudita ______________________
3. Grecia ______________________
4. Israel ______________________
5. Polonia ______________________
6. Brasil ______________________
7. Rusia ______________________
8. Francia ______________________
9. Turquía ______________________
10. Suecia ______________________

Nombre: ______________________ Fecha: ______________

13-3 **Two of these words do not belong to the same semantic field as the others. Which ones are they?**

el aprendiz el esquema la comprensión el conocimiento el oyente
la empresa la política la tarea la audición la traducción

13-4 **Fill in the blanks with the following words and expressions about languages and communication.**

voz gestos de memoria mejorar lenguas extranjeras reglas oigo
de habla española en voz alta cometer errores consultar el diccionario

1. Canta muy bien. Tiene una ________________ muy bonita.
2. La profesora nos hace leer cada día un texto ________________ y luego nos hace preguntas.
3. Marina habla poco porque tiene miedo de ________________. Es una tontería. Sólo hablando puede progresar.
4. Yo, cuando no entiendo una palabra, primero intento descubrir el significado, sin ________________.
5. Me encanta aprender ________________ canciones y poemas.
6. Habla bien, tiene mucho vocabulario pero quiere ________________ su pronunciación.
7. En mi país, en la escuela se estudian por lo menos dos ________________: inglés y francés o inglés y español a partir de los diez años.
8. El funcionamiento de los verbos tiene ________________ bastante parecidas en todas las lenguas romances.
9. Cuando puedo, ________________ la radio y veo programas de países ________________.
10. Los hispanohablantes hacen muchos más ________________ cuando hablan que las personas de aquí.

Nombre: ______________________________ Fecha: ____________________

13-5 **Fill in the words that are missing in this text.**

Las LENGUAS del MUNDO

¿CUÁNTAS LENGUAS EXISTEN EN LA ACTUALIDAD EN EL MUNDO? CUÁNTAS PERSONAS LAS HABLAN? NO ES FÁCIL CONTESTAR A ESTAS (1)____________. LA MAYORÍA DE LOS ESPECIALISTAS AFIRMAN QUE ENTRE 5.000 Y 6.000, PERO HAY AUTORES QUE HABLAN DE HASTA 10.000. Y ES QUE LA (2)__________ ENTRE LENGUA Y DIALECTO NO ES FÁCIL.

Muchas veces dos variedades lingüísticas, con las que los (3)____________________ se comunican entre sí, se consideran (4)__________ diferentes por razones políticas. Un ejemplo: si se usa sólo el criterio de la inteligibilidad (los hablantes se entienden), sólo existen dos lenguas escandinavas la continental y la insular ya que, por un lado, suecos, daneses y noruegos y, por el otro, irlandeses y feroeses pueden (5)__________ entre sí en mayor o menor grado. En cambio, es necesario reconocer al menos cinco lenguas: los noruegos hablan (6)____________, los daneses, (7)__________, etc. En tales casos, la identidad política y la lingüística se mezclan. Existen muchos casos similares en otras culturas.

El chino es un caso especialmente complicado, ya que existen cientos de (8)____________. Sin embargo, los hablantes de todos estos dialectos comparten la misma escritura y pueden comunicarse por escrito. Por eso, los hablantes de chino los consideran una única (9)__________. También hay lenguas que no tienen nombre específico, otras que reciben muchos nombres e incluso lenguas distintas que reciben el mismo nombre. Por todo ello, es muy difícil contestar a la pregunta de cuántas lenguas se (10)____________ en el mundo.

(Información obtenida de D. Crystal, *Enciclopedia del lenguaje*)

dialectos	preguntas	diferencia	noruego	idiomas
hablantes	danés	lengua	hablan	comunicarse

13-6 **Write about some of your past experiences, following the example.**

	¿En qué país?	¿Cuándo?	¿Qué es lo que más te gustó?	¿Por qué razón?
EJEMPLO: Estuve en	Paraguay	el año pasado	Lo que más me gustó fue la gente	Los paraguayos son muy agradables
1. Estuve en	¿En qué país? ______	¿Cuándo? ______	¿Qué es lo que más te gustó? ______	¿Por qué razón? ______
2. Estudié	¿Qué materia? ______	¿Dónde? ______	¿Qué es lo que más te gustó? ______	¿Por qué razón? ______
3. Visité	¿Qué ciudad? ______	¿Cuándo? ______	¿Qué es lo que más te gustó? ______	¿Por qué razón? ______
4. Vi	¿Qué película? ______	¿Cuándo? ______	¿Qué es lo que más te gustó? ______	¿Por qué razón? ______

Nombre: ______________________ Fecha: ______________

13-7 **You learn some things best by practicing them. For example...**

EJEMPLO: Se aprende a nadar... nadando.

1. Se aprende a esquiar... __________
2. Se aprende a manejar... __________
3. Se aprende a bailar... __________
4. Se aprende a traducir... __________
5. Se aprende a hablar... __________
6. Se aprende a caminar... __________
7. Se aprende a leer... __________
8. Se aprende a tocar el piano... __________

13-8 **Answer these questions using *gerundio* or *sin* + infinitive, following the example.**

EJEMPLO: ¿Cómo aprendiste japonés? IR A CLASE/ESTUDIAR EN CASA
Sin ir a clase; estudiando en casa.

1. ¿Cómo aprendiste fotografía? HACER MUCHAS FOTOS/HABLAR CON FOTÓGRAFOS
____

2. ¿Cómo encontraste esta casa tan bonita? IR A AGENCIAS/PASEAR POR LA CIUDAD
____

3. ¿Cómo aprendiste italiano? IR A ITALIA/VIVIR CON UN ITALIANO
____

4. ¿Cómo conseguiste un acento tan bueno? HABLAR CON NATIVOS/ESCUCHAR CANCIONES
____

5. ¿Cómo has traducido este texto? MIRAR EN EL DICCIONARIO/TRADUCIR PALABRA POR PALABRA
____

6. ¿Cómo aprendiste a tocar la guitarra? LEER MÚSICA/TOCAR DE OÍDO
____

Nombre: ______________________________ Fecha: ____________________

13-9 **Think about things that make you feel the following ways. Pay attention to agreement (singular or plural).**

1. Me resulta/n pesado/a/os/as ____________.
2. Me canso de ____________________.
3. Me hago un lío con ________________.
4. Me cuesta/n ____________________.
5. Me da/n miedo ________________.
6. No me acuerdo nunca de____________.

13-10 **What do you think? Write ten sentences using the words and phrases below, as in the example.**

EJEMPLO: *Trabajar en equipo me parece muy interesante, pero también bastante difícil.*

los periódicos deportivos			
la música latina			horrible/s
las reuniones familiares			(in)útil/es
los viajes organizados			aburrido/a/os/as
estudiar latín			pesado/a/os/as
escribir			interesante/s
la televisión		nada	importante/s
viajar solo/a		demasiado	divertido/a/os/as
los discursos de los políticos		muy	(in)necesario/a/os/as
las costumbres de otras culturas	(no) me parece/n	bastante	complicado/a/os/as

1. ____
2. ____
3. ____
4. ____
5. ____
6. ____
7. ____
8. ____
9. ____
10. ____

Nombre: ______________________ Fecha: ______________

13-11 **Listen to Juan as he talks about his job. What are his opinions of the following? Use *le parece/n, le resulta/n, le cuesta/n.***

¿QUÉ OPINA JUAN DE...?
las compañías grandes
trabajar en equipo
las reuniones largas
los viajes
conocer cosas nuevas
comunicarse
hacer cada día lo mismo

____
____
____
____
____
____
____

13-12 **Complete this text with the appropriate pronouns.**

Mis alumnos del año pasado eran todos muy diferentes; por ejemplo, a John (1)________ daba mucho miedo hablar en público y (2)________ hacía siempre un lío con los géneros y los tiempos del pasado. En cambio, Fabián no (3)________ daba cuenta de que hablaba demasiado y de que no dejaba hablar a los demás. A Ron, por ejemplo, (4)________ parecía más fácil leer que hablar. No lo entiendo, porque a mí leer en alemán (5)________ resulta bastante difícil y (6)________ canso enseguida. A Martha (7)________ resultaba divertido traducir, seguramente porque (8)________ gusta mucho la literatura.

A nosotros los profesores, en general, el trabajo en grupo (9)________ parece muy efectivo. Pero a veces (10)________ da miedo preguntar cuestiones personales a los alumnos.

¿Y a ustedes, qué (11)________ parece más útil? ¿Qué (12)________ resulta más pesado?

13-13 **What do you think about the Spanish classes you have had so far? Complete these sentences in your own words.**

Lo más útil ______________________

Lo más aburrido ______________________

Lo más difícil ______________________

Lo más interesante ______________________

Lo más divertido ______________________

Nombre: ______________________ Fecha: ______________

13-14 **You will hear an interview with an expert in foreign language learning. Answer the questions based on what you have heard.**

1. Según el profesor Benítez, cuando aprendemos una lengua…
   a. hay que comenzar desde cero.
   b. ya sabemos muchas cosas.
   c. no es necesario aprender los sonidos.
2. Según el profesor, aprender una segunda lengua…
   a. es similar a aprender la primera.
   b. es diferente de aprender la primera.
3. ¿Qué dice el profesor Benítez sobre las reglas gramaticales?
   a. Es lo más importante que hay que aprender.
   b. Son necesarias pero insuficientes.
   c. No es necesario estudiarlas.
4. Ordena las tres etapas de la enseñanza de lenguas, de más antigua (1) a más reciente (3).
   a. ❑ Las lenguas se aprenden practicando en un laboratorio.
   b. ❑ Las lenguas se aprenden como otras disciplinas.
   c. ❑ Las lenguas se aprenden usándolas.

13-15 **The following verbs are missing their prepositions. Can you write them in?**

1. Normalmente tengo mala memoria. No me acuerdo _______ nada.
2. No sé si te das cuenta _______ las implicaciones de lo que has dicho.
3. Aprendiendo español uno puede comunicarse _______ mucha gente.
4. Cuando estudio español, me hago un lío _______ los verbos reflexivos.

Nombre: ______________________________ Fecha: ____________________

13–16 **Read these thoughts about learning a foreign language and tell us your reaction: a, b, or c.**

1. Es muy importante aprender bien la gramática de una lengua. Sin la gramática no puedes hablar.

- ☐ a. Estoy completamente de acuerdo.
- ☐ b. Bueno, creo que es cierto, pero la gramática no es lo único importante.
- ☐ c. Me parece que no tiene razón. Puedes aprender a hablar sin gramática, como los niños.

2. El profesor tiene que corregir todos los errores que hago hablando.

- ☐ a. Desde luego que sí. Si no me corrigen todos los errores, los repito y no aprendo.
- ☐ b. A veces sí, pero no siempre. Sólo cuando es necesario.
- ☐ c. No estoy de acuerdo en absoluto: si me corrigen mucho pienso que hablo mal, y entonces me callo.

3. Para practicar en clase, lo más importante es hablar y hablar.

- ☐ a. Totalmente de acuerdo. Hablar en parejas, en grupos o con el profesor.
- ☐ b. Hablar y escribir. Las dos cosas son igual de importantes.
- ☐ c. No, ni hablar. Lo más práctico es hacer ejercicios de verbos, concordancia, etc.

4. Si el profesor sabe mi idioma, me puede ayudar mucho mejor.

- ☐ a. Sí, es verdad, por supuesto.
- ☐ b. Bueno, a veces sí, para traducir una palabra o explicar cosas, pero en general, no.
- ☐ c. ¿Mi idioma? ¿Para qué? Esto es una clase de español, ¿no?

5. Es muy importante estudiar por mi cuenta y hacer siempre la tarea asignada.

- ☐ a. Sin duda. Si no trabajas en casa, nunca avanzas.
- ☐ b. Bueno, siempre no, pero en general, sí, así es.
- ☐ c. Lo siento, pero no tiene razón. Es suficiente ir a clase casi todos los días.

13–17 **Which expressions in the questionnaire in exercise 13–16 express agreement? Which ones express disagreement? Write them down here.**

Nombre: ______________________ Fecha: ______________

13-18 **Read the following statements and tell us whether you agree or disagree with them.**

EXEMPLO: *Mick Jagger es el mejor cantante del mundo.*
Estoy completamente de acuerdo. Mick Jagger es el mejor.

1. El dinero es mucho más importante que la salud o el amor.

____

2. Si bebes alcohol, es mejor no manejar.

____

3. Las mejores vacaciones son las que pasas con la familia.

____

4. La lengua más importante del mundo es el inglés.

____

13-19 **Two Latin-American speakers are having a conversation. Complete the dialogue below with the tenses that they would most likely use (*perfecto* or *pretérito*).**

• Jacinto, ¿dónde (tú, estar) (1)__________ toda la mañana?
○ Perdona, (yo, ir) (2)__________ a la agencia de viajes a recoger unos boletos para Asunción.

• ¡Qué suerte! Nunca (yo, visitar) (3)__________ Paraguay.
○ Sí, este mes ya (yo, volar) (4)__________ a Asunción dos veces.

• ¿Y con quién vas? ¿Tú solo?
○ No, esta vez voy con mi hermana que (ella, llegar) (5)__________ para pasar unos días conmigo.

Now read a very similar dialogue, this time with two Spaniards. Will they use the same tenses?

• Jacinto, ¿dónde (tú, estar) (6)__________ toda la mañana?
○ Perdona, (yo, ir) (7)__________ a la agencia de viajes a recoger unos boletos para Asunción.

• ¡Qué suerte! Nunca (yo, visitar) (8)__________ Paraguay.
○ Sí, este mes ya (yo, volar) (9)__________ a Asunción dos veces.

• ¿Y con quién vas? ¿Tú solo?
○ No, esta vez voy con mi hermana que (ella, llegar) (10)__________ ayer para pasar unos días conmigo.

Nombre: ________________________________ Fecha: ____________________

13-20 **Complete this dialogue using the correct forms of *estar* + *gerundio* (*presente, perfecto, imperfecto* or *pretérito*).**

- Pero José, ¿qué (tú, hacer) (1)________________? Te vas a caer y te vas a romper la cabeza.
- ○ (Colgar) (2)________________ este cuadro en la pared. Lo compré en una feria de antigüedades. Imagínate: (yo, pasear) (3)________________ por la Avenida Ordóñez y me encontré con esta feria. Había de todo…
- ¿Sí? ¿Qué (ellos, vender) (4)________________?
- ○ Pues mira, cuadros, libros, esculturas, telas, no sé… objetos de todo tipo… mesas, sillas… Había de todo. (Yo, mirar) (5)________________ hasta las tres de la tarde, que es cuando lo retiraron.
- Oye... y esta semana qué has hecho?
- ○ Pues nada… (yo, decorar) (6)________________ la casa un poco, como ves. Ya sabes que (yo, trabajar) (7)________________ seis años en esa compañía que cerró y ahora no tengo empleo, pero (yo, buscar) (8)________________ uno.

Nombre: ______________________________ Fecha: ____________________

Autoevaluación

En general:	☼	☼☁	☼☁	☁
Mi participación en clase...				
Mis progresos en español...				
Mis dificultades...				

Y en particular:					
Gramática					
Vocabulario					
Pronunciación					
Lectura					
Comprensión					
Escritura					
Cultura					

Diario personal

En GENTE Y LENGUAS aprendí (muchas/bastantes/pocas) cosas nuevas. De Paraguay me interesó especialmente ______________________. Fue interesante la actividad ______________, y lo que menos me gustó fue ______________________. Tuve (algunos/bastantes/muchos) problemas con ______________________. Lo más fácil fue ______________ y lo más difícil fue ______________. No comprendo completamente bien ______________ ______________. La actividad que más me ayudó fue ______________ y la que menos me ayudó fue ______________________. En general, participé en clase (poco/bastante/mucho). Para practicar lo que aprendí, voy a ______________________.

14 gente que se conoce

Nombre: ______________________ Fecha: ______________

14-1 **Have you heard of any of these celebrities? Listen to some people talking about them and what they would like to do with them.**

Enrique Iglesias Nelson Mandela Marcelo Ríos

Paul McCartney Nicole Kidman Shakira

¿Qué haría? ¿Con quién? ¿Por qué?

1. ______________________
2. ______________________
3. ______________________
4. ______________________
5. ______________________
6. ______________________

What about you? What would you do with these celebrities? Write a sentence for each one, following the example.

EJEMPLO: A mí también me encantaría bailar y cantar con Shakira. Es mi cantante latina favorita.

7. ______________________
8. ______________________
9. ______________________
10. ______________________
11. ______________________
12. ______________________

Nombre: ______________________________ Fecha: ____________________

14-2 **With which of the celebrities from exercise 14–1 would you do the following things? With which of them would you NOT? Explain why.**

1. trabajar

   Yo trabajaría con ____________________ porque ______________________________

   Yo no trabajaría con ____________________ porque ______________________________

2. viajar a una isla desierta

   ____

   ____

3. casarse

   ____

   ____

4. salir a cenar una noche

   ____

   ____

5. ir de compras

   ____

   ____

6. hacer una película

   ____

   ____

14-3 **Write the ending of each adjective. Then mark the ones that are positive (+) and the ones that are negative (–).**

-o/a

-e

-a

EJEMPLO: desordenad**o/a** –

pesimist ____	amabl ____	despistad ____	miedos ____
educad ____	tranquil ____	valient ____	insegur ____
optimist ____	honest ____	maleducad ____	egoíst ____
generos ____	avar ____	tiern ____	

Nombre: ______________________ Fecha: ______________

14-4 Cristina is looking for a boyfriend. She wrote to the radio program "Cita a ciegas" and sent them some information about herself. Read what she wrote and then write down the information about the two guys who called the program. Which one of them would be the best match for Cristina?

CRISTINA VILLASANTA

PROFESIÓN: Profesora de historia en un colegio.

GUSTOS: Le encanta la cocina italiana. Le divierte ir a discotecas de vez en cuando, pero la música hip hop le pone muy nerviosa. No soporta a los hombres que beben o fuman, ni a los maniáticos, y le dan miedo las relaciones largas. Le interesa la literatura.

COSTUMBRES: Pasa mucho tiempo en casa con sus perros y sale sobre todo los fines de semana.

AFICIONES: Tiene dos perros. Pasa las vacaciones en su apartamento de la playa. Va al gimnasio de vez en cuando.

MANÍAS: Se muerde las uñas y nunca se pone falda.

JULIO

PROFESIÓN: ______________________

GUSTOS: ______________________

AFICIONES: ______________________

____

MANÍAS: ______________________

____

MARCOS

PROFESIÓN: ______________________

GUSTOS: ______________________

AFICIONES: ______________________

____

MANÍAS: ______________________

____

14-5 Write six sentences, using one word or expression from each column.

A Sofía y a María	me	dan miedo	salir solas de noche.
A Ramón	te	cae muy mal	las películas de terror.
¿A ti	le	interesan	las computadoras.
Pues a mí	nos	emociona	la gente que no es sincera.
A Carmen y a mí	os/les	pone nerviosas	el arte.
¿A José y a ti	les	indignan	el problema del terrorismo.
		preocupa	Pablo.
		divierten	

1. ______________________
2. ______________________
3. ______________________
4. ______________________
5. ______________________
6. ______________________

Nombre: ______________________________ Fecha: ____________________

What about you, and people you know? Write seven more sentences based on the words and images below.

a mi mejor amigo y a mí
a mi madre
a mi compañero/a
a mi vecino/a
a mis compañeros de clase
a mi jefe y a mí
a mi novio/a y a mí

7. ______________________________
8. ______________________________
9. ______________________________
10. ______________________________
11. ______________________________
12. ______________________________
13. ______________________________

14-6 Listen to these dialogues. What are the people talking about?

1. ☐ las arañas
   ☐ una película
2. ☐ un examen
   ☐ los embotellamientos
3. ☐ una persona
   ☐ un libro
4. ☐ limpiar la casa
   ☐ las computadoras
5. ☐ unos niños
   ☐ un programa de televisión
6. ☐ las novelas policíacas
   ☐ la política

Nombre: ______________________________ Fecha: ____________________

14-7 **What do you like or not like? Write eight sentences using one element from the left box and one element from the right box.**

dar risa	caer bien/mal
dar pena	emocionar
poner nervioso	no soportar
indignar	divertir
preocupar	molestar
dar igual	

los extraterrestres	el ballet
estar enfermo	dar propinas
los dentistas	comer carne
viajar en avión	el fútbol
bailar salsa	las personas egoístas
los bebés	

EJEMPLO: Me molestan las personas egoístas.

1. ______________________________
2. ______________________________
3. ______________________________
4. ______________________________
5. ______________________________
6. ______________________________
7. ______________________________
8. ______________________________

14-8 **Look at the following nouns. Which adjectives correspond to each of them?**

	ADJETIVO	SUSTANTIVO	ADJETIVO	SUSTANTIVO
EJEMPLO:	alegre	la alegría	____________	la bondad
	____________	el egoísmo	____________	la belleza
	____________	la honestidad	____________	la madurez
	____________	la inteligencia	____________	la seriedad

Now write the nouns that correspond to each adjective. Don't forget the article!

	ADJETIVO	SUSTANTIVO	ADJETIVO	SUSTANTIVO
EJEMPLO:	pedante	la pedantería	sincero/a	____________
	hipócrita	____________	fiel	____________
	envidioso/a	____________	tierno/a	____________
	generoso/a	____________	blanco/a	____________

Nombre: ______________________ Fecha: ______________

14-9 **What are your three main virtues? And your three biggest defects? Write them down.**

VIRTUDES
La sinceridad: soy bastante sincero.
DEFECTOS
La pereza: soy un poco perezoso.

14-10 **What are your favorite animals? Explain why, talking about their specific characteristics, as in the example.**

EJEMPLO: Me gustan los perros porque son muy fieles y leales.

1. Me gusta/n ______________ porque ______________________
2. Me gusta/n ______________ porque ______________________
3. Me gusta/n ______________ porque ______________________

14-11 **You will hear some opinions being expressed. In each case, which of the following responses makes sense?**

1. a. A mí también, especialmente cuando estoy viendo la televisión en casa.
   b. Yo también, porque no tengo motocicleta.
2. a. A mí sí, me parece que no es tan horrible.
   b. Yo tampoco y, además... ¡es carísimo!
3. a. Yo tampoco. Me cae muy mal.
   b. Yo también. Es muy agradable.
4. a. Pues a mí la verdad es que me encantan, sobre todo la Navidad.
   b. A mí no, son muy pesadas.
5. a. Yo sí, especialmente si está lloviendo.
   b. Pues a mí no porque de noche hay menos tráfico.
6. a. A mí también. Creo que es el mejor género de cine.
   b. A mí tampoco. ¡Es un género que aborrezco!

Nombre: ______________________ Fecha: ______________

14–12 **Now listen to some more opinions, and then write your own reaction to them. Do you agree or not?**

1. ______________________ 3. ______________________

2. ______________________ 4. ______________________

14–13 **A children's magazine in Honduras has published information about six children. What do they have in common? Write eight sentences using *el mismo, la misma, los mismos, las mismas* or *lo mismo.***

EJEMPLO: Óscar y Juan tienen la misma edad. Juan tiene la misma edad que Óscar.

ÓSCAR:
12 años. Se levanta a las ocho. Asiste al colegio público Manuel Delfín. Le gusta coleccionar estampillas y el baloncesto. Tiene un perro. Lee muchos libros los domingos. Su grupo favorito es Ciempiés. En vacaciones va a la playa con sus padres y abuelos. Vive en Tegucigalpa.

CLARA:
10 años. Vive con sus abuelos. Asiste al colegio público Manuel Delfín. Su comida preferida es el helado de fresa y crema. Le gusta ir a nadar los sábados a la piscina. Colecciona carros e insectos. De mayor quiere ser entomóloga. Su afición favorita es ver los dibujos animados en la tele.

MIRANDA:
11 años. Vive en Tegucigalpa y va al colegio María Milagrosa. Tiene una colección de estampillas. Tres días a la semana juega al baloncesto con el equipo del colegio. También colecciona mariposas. En verano va al pueblo de sus abuelos.

VANESSA:
9 años. Estudia en el colegio María Milagros. Se levanta a las siete y media. Los sábados va a nadar a la piscina. Le gusta hacer excursiones y andar en bicicleta. Su cantante favorita es Mónica Limón. Se acuesta muy pronto, a las diez. Le encantan las películas de Walt Disney.

RAMÓN:
9 años. Va a un colegio privado. Su padre trabaja en el Banco Central. Tiene dos gatos y una tortuga. Le encanta leer el domingo. Sus películas favoritas son las de Walt Disney. Vive en Tegucigalpa con sus padres.

JUAN:
12 años. Va a un colegio privado. Se levanta a las siete y media. Es un fanático de Mónica Limón. Pasa los veranos en la playa, donde sus padres, que trabajan en el Banco Central, tienen una casa. Le encanta comer helados y ver dibujos animados en la tele.

1. ______________________
2. ______________________
3. ______________________
4. ______________________
5. ______________________
6. ______________________
7. ______________________
8. ______________________

Nombre: ______________________ Fecha: ______________

14-14 **Which question goes with each of the answers below?**

A. ¿Qué? B. ¿Cuál? C. ¿Con quién? D. ¿Desde dónde?
E. ¿Por qué? F. ¿Desde cuándo?

___ 1. Porque quiero aprender.
___ 2. Desde hace dos horas.
___ 3. Una cerveza.
___ 4. La roja, por favor.
___ 5. Con un amigo, creo.
___ 6. Desde la mañana.
___ 7. Por amor.
___ 8. Desde una gasolinera.
___ 9. Desde aquí, ¿no?
___ 10. Con Luís y Cristina.
___ 11. La que a ti no te gusta.
___ 12. Porque no lo sé.
___ 13. Desde esta ventana.
___ 14. Aquel de allá.
___ 15. Pues ya hace dos años.
___ 16. Creo que con nadie.
___ 17. Desde hoy mismo.
___ 18. Un café, gracias.
___ 19. El mismo que tú.
___ 20. Porque me gusta más.
___ 21. Unos zapatos rojos.

14-15 **Now write a question that would prompt each of these answers.**

1. ¿ ______________________________ ?
   De un amigo mío al que le gusta mucho la música.
2. ¿ ______________________________ ?
   Pues la verdad es que me gustan todos los tipos de cine.
3. ¿ ______________________________ ?
   Con mis padres, ¿y tú?
4. ¿ ______________________________
   A las diez o diez y media, depende.
5. ¿ ______________________________
   Para tener algo de dinero y poder irme de vacaciones este verano.
6. ¿ ______________________________
   Desde que tengo 17 años.
7. ¿ ______________________________
   El verde de flores no está mal.
8. ¿ ______________________________
   Creo que de la Plaza de España.

Nombre: ______________________ Fecha: ______________

14-16 The questions are missing from the following interview with the actress Beatriz Pereda. Can you write them in?

1. ______________________
Pues este verano hago una película en Italia y después trabajaré en una telenovela en Venezuela.

2. ______________________
A los quince años, en una obra de teatro en el colegio.

3. ______________________
¡Uf! Es muy difícil contestar a esa pregunta. Supongo que sí, pero no lo sé.

4. ______________________
El verde. Siempre me ha gustado ese color.

5. ______________________
Con muchos; por ejemplo, con Alejandro Arrieta. Vi su última película y me pareció muy buena.

6. ______________________
El pop centroamericano de los últimos años y algunos grupos clásicos como Supertramp. Y el blues, me encanta escuchar blues.

7. ______________________
Pues ropa cómoda, pantalones jeans y camisetas de algodón.

8. ______________________
Con mi mamá, siempre con mi mamá, que me acompaña a todas partes.

9. ______________________
Mira, lo siento, pero a esa pregunta prefiero no contestar.

14-17 It has been two years since you last saw a good friend. All you know is that your friend had a boyfriend or girlfriend during that time, but they ended up breaking up. What questions can you ask your friend to find out more about that relationship? Here are some ideas. Write six more questions.

¿Cómo se llamaba?
¿Dónde lo conociste?
¿Cómo era físicamente?
...

1. ______________________
2. ______________________
3. ______________________
4. ______________________
5. ______________________
6. ______________________

Nombre: ______________________ Fecha: ______________

14-18 **What problems does your city or town have? Write ten things that you would do in order to improve your community, following the example.**

EJEMPLO: Mejoraría el sistema de transportes.

1. ______________________ 5. ______________________
2. ______________________ 6. ______________________
3. ______________________ 7. ______________________
4. ______________________ 9. ______________________
5. ______________________ 10. ______________________

Nombre: ______________________ Fecha: ______________

Autoevaluación

En general:	☼	☼☁	☼☁	☁
Mi participación en clase...				
Mis progresos en español...				
Mis dificultades...				

Y en particular:					
Gramática					
Vocabulario					
Pronunciación					
Lectura					
Comprensión					
Escritura					
Cultura					

Diario personal

En GENTE QUE SE CONOCE aprendí (muchas/bastantes/pocas) cosas nuevas. Fue muy útil revisar ______________ y ______________. Lo que menos me gustó fue ______________ y lo que más me gustó fue ______________. Tuve (algunos/bastantes/muchos) problemas con ______________. Lo más fácil fue ______________ y lo más difícil fue ______________. Me gustaría comprender mejor ______________ y saber más sobre ______________. Las cosas que más me interesaron sobre Honduras fueron ______________. Creo que ahora sé mucho más sobre ______________. En general, participé en clase (poco/bastante/mucho).

15 gente que lo pasa bien

Nombre: ______________________________ Fecha: ____________________

15–1 **In exercise 15–1 in the textbook, you heard five people talk about what they like to do. Listen again, and then complete the following sentences with your own habits and preferences.**

A mí la música que de verdad me gusta es ______________. ______________, especialmente. Voy bastante a menudo a ______________.

A mí lo que me va es ______________. Sobre todo si hay ______________.

Yo siempre que hay un/una ______ voy a verlo/a. No me pierdo ninguno/a. Me gusta mucho el/la ______________.

Los sábados por la noche no hay nada como ______________ y luego ______________. El sábado próximo, por ejemplo, ______________.

A mí lo que realmente me gusta es ______________ con ______________.

15–2 **Listen to what these eight people are saying. Then write the number of the conversation next to the event they are talking about.**

____un concierto de rock	____un concierto de música clásica	____una fiesta	____un museo
____una película	____un restaurante	____una discoteca	____un partido de fútbol

Listen again and write down the words (only the nouns) that helped you understand what were they talking about.

1. ______________
2. ______________
3. ______________
4. ______________
5. ______________
6. ______________
7. ______________
8. ______________

Did each of them have fun? Why or why not?

EJEMPLO: El primero no lo pasó bien porque no conocía a nadie y la música era muy mala.

El segundo ______________________________

El tercero ______________________________

El cuarto ______________________________

El quinto ______________________________

El sexto ______________________________

El séptimo ______________________________

El octavo ______________________________

Nombre: ______________________ Fecha: ______________

15–3 **How often do you do the following things? Use frequency expressions like *todos los días, los sábados, normalmente, a veces, casi nunca, nunca,* etc.**

- ir a un concierto
- ir a un partido de fútbol
- ir a ver un espectáculo de ballet
- ir a esquiar
- visitar a tus padres
- ver las noticias de la tele
- nadar
- estar con amigos
- relajarte en tu casa el domingo
- salir a cenar a un buen restaurante

EJEMPLO: Casi nunca voy a exposiciones de arte, sólo cuando son de arqueología, que es un tema que me encanta.

1. ______________________
2. ______________________
3. ______________________
4. ______________________
5. ______________________
6. ______________________
7. ______________________
8. ______________________
9. ______________________
10. ______________________

15–4 **When was the last time that you did the things you talked about in 15–3? For each activity, talk about whether you enjoyed the experience, as in the example.**

EJEMPLO: La última vez que fui a una exposición era sobre los celtas. Me encantó.

1. ______________________
2. ______________________
3. ______________________
4. ______________________
5. ______________________
6. ______________________
7. ______________________
8. ______________________
9. ______________________
10. ______________________

Nombre: ______________________ Fecha: ______________________

15-5 **A Spanish magazine recommends the following five activities for this month.**

Feria del libro: ______________________

Cine de mujeres: ______________________

Final de la Copa del Rey de fútbol: ______________________

Fiesta de la energía solar: ______________________

Maratón de teatro: ______________________

Before you read about the activities, match the words below with the categories above, writing them in the spaces given.

editoriales estrenar competición escenarios ecologista
películas directoras representaciones solidaridad compañías
autógrafos deporte escritores autor

Now read the stories. Associate each text with one of the activity titles above and write each title on the lines provided. Then check if you picked the right vocabulary for each one.

1 ______________________

Barcelona presenta una nueva edición de la Muestra Internacional de Cine de Mujeres que, durante una semana, exhibirá películas de directoras femeninas. Películas que, pese a su calidad, no ha sido posible estrenar por diferentes motivos. Variedad, creatividad y sorpresas en la Filmoteca.

2 ______________________

El Mercat de les Flors de Barcelona se convierte por cuarta vez en el gran escaparate de la joven creación escénica. Durante 24 horas seguidas, todos los rincones del recinto se transforman en escenarios. Un acontecimiento único en Europa que acoge cada año a miles de asistentes que desean ver las representaciones más creativas de todo tipo de compañías.

3 ______________________

Madrid es este mes la capital de la literatura española. En el Parque del Retiro, librerías, editoriales y asociaciones de escritores acuden a la cita anual con el público. Una ocasión ideal para conocer las novedades y comprar un ejemplar con dedicatoria del autor incluida. Visita obligada para los coleccionistas de autógrafos.

4 ______________________

El único deporte capaz de provocar guerras televisivas reúne al Barcelona y al Real Madrid en la gran final de esta competición, celebrada con algo de retraso tras una liga eterna. La presencia de la familia real añade espectáculo al acontecimiento.

5 ______________________

Greenpeace celebra este día combinando la fiesta con la solidaridad. El grupo ecologista se movilizará en la capital para dar a conocer una vez más las posibilidades del Sol como fuente de energía alternativa y limpia.

Nombre: ______________________________ Fecha: ____________________

15-6 **Find the names of eight movie genres in the crossword puzzle.**

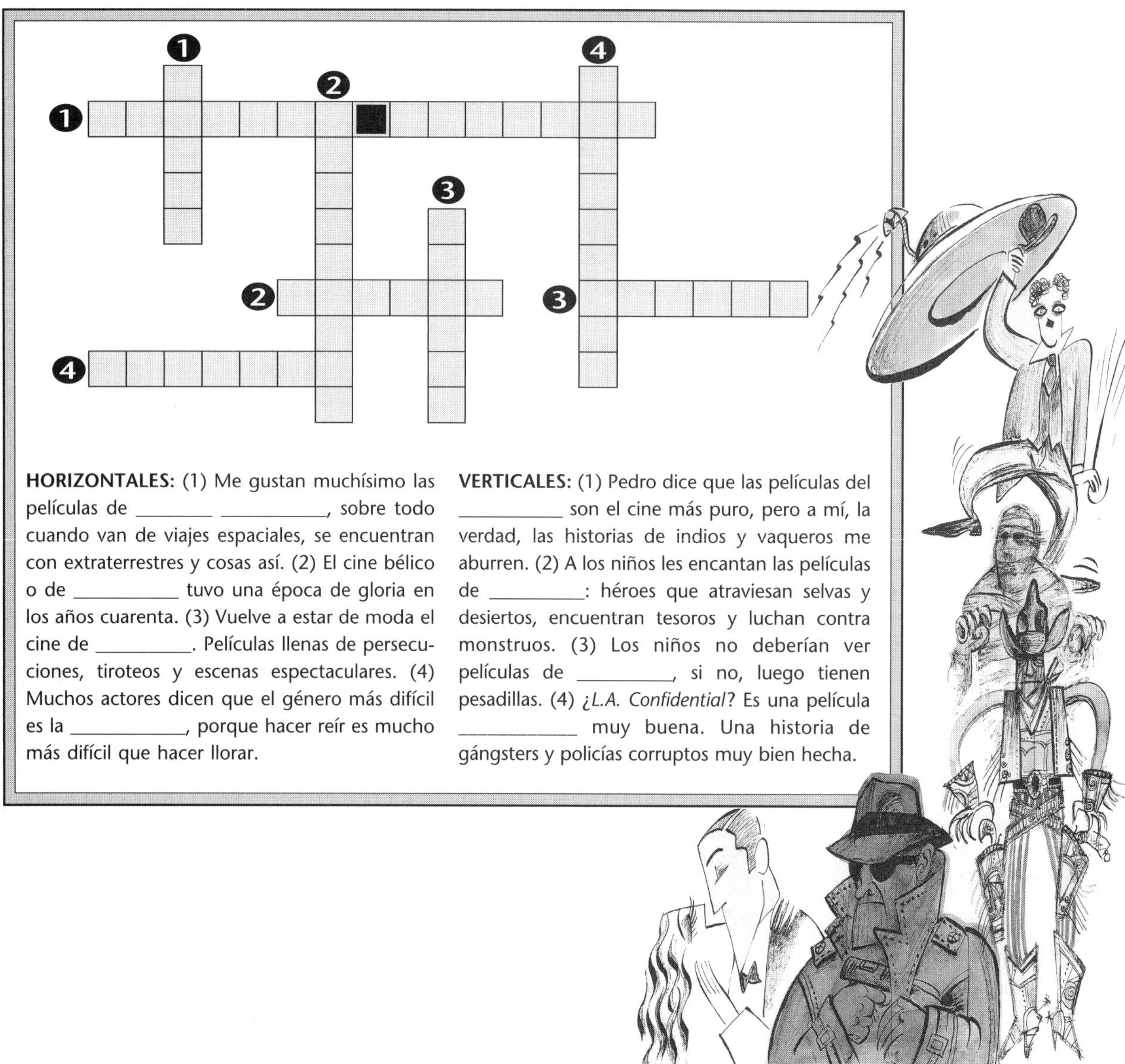

HORIZONTALES: (1) Me gustan muchísimo las películas de ________ __________, sobre todo cuando van de viajes espaciales, se encuentran con extraterrestres y cosas así. (2) El cine bélico o de __________ tuvo una época de gloria en los años cuarenta. (3) Vuelve a estar de moda el cine de _________. Películas llenas de persecuciones, tiroteos y escenas espectaculares. (4) Muchos actores dicen que el género más difícil es la ___________, porque hacer reír es mucho más difícil que hacer llorar.

VERTICALES: (1) Pedro dice que las películas del __________ son el cine más puro, pero a mí, la verdad, las historias de indios y vaqueros me aburren. (2) A los niños les encantan las películas de _________: héroes que atraviesan selvas y desiertos, encuentran tesoros y luchan contra monstruos. (3) Los niños no deberían ver películas de _________, si no, luego tienen pesadillas. (4) *¿L.A. Confidential*? Es una película ___________ muy buena. Una historia de gángsters y policías corruptos muy bien hecha.

15-7 **Write the Spanish title of a movie that belongs to each of the movie genres in 15-6. If you don't know one, you can translate it from English.**

1. ______________________________
2. ______________________________
3. ______________________________
4. ______________________________
5. ______________________________
6. ______________________________
7. ______________________________
8. ______________________________

Nombre: ________________________________ Fecha: ____________________

15-8 **Six people are giving their opinion about the movie *El rey de las discotecas*. Listen and write down their general opinions. Then, jot down the key words that helped you decide if the opinions were positive or negative.**

	OPINIONES
	______________________
	______________________
	______________________
	______________________
	______________________
	______________________

15-9 **Read the following information about four Spanish movies. Which ones seem interesting to you? Put them in order from most interesting (4) to least interesting (1). Then choose the adjectives from the word bank below that go best with each film.**

BALSEROS ____ TE DOY MIS OJOS ____ DÍAS DE FÚTBOL ____ EL HIJO DE LA NOVIA ____

En 1994 un equipo de reporteros de televisión filmó y entrevistó a siete cubanos y a sus familias durante los días previos a su arriesgada aventura de lanzarse al mar para alcanzar la costa de los Estados Unidos huyendo de las dificultades económicas de su país. Algún tiempo después localizaron en el campamento de refugiados de la base norteamericana de Guantánamo a los que habían sido rescatados en alta mar. Sus familias permanecían en Cuba sin noticias de ellos, salvo en el caso de una mujer que había naufragado y que se había visto obligada a volver a la isla. Han pasado siete años, la evolución de los personajes, sus destinos, su vida en los Estados Unidos o su permanencia en Cuba es retratada con detalle, con sensibilidad. La aventura humana de unos náufragos entre dos mundos.

¿Qué es lo que hace que en una familia pueda existir una desagradable violencia? ¿Qué es lo que lleva a dos personas que se quieren tanto, a maltratar y a ser maltratadas?
En una noche de invierno. Pilar huye en zapatillas con su hijo a altas horas de la noche en un Toledo que mira y calla. Antonio, su marido, no tarda en ir a buscarla. Pilar es su sol, dice, y además, "le ha dado sus ojos"... A lo largo de la película, los personajes irán reescribiendo ese libro de familia en el que está escrito quién es quién y qué se espera que haga pero en el que todos los conceptos están equivocados y donde se dice hogar se lee infierno, donde dice amor hay dolor y quien promete protección produce terror...

Rafael Belvedere (Ricardo Darín) no está conforme con la vida que lleva. Nunca tiene tiempo para su gente. No tiene ideales, vive sumido en su trabajo, el restaurante fundado por su padre (Héctor Alterio); carga con un divorcio, no se ha tomado el tiempo suficiente para ver crecer a su hija Vicky, no tiene amigos y prefiere eludir un mayor compromiso con su novia (Natalia Verbeke). Además, hace más de un año que no visita a su madre (Norma Aleandro) que sufre de Mal de Alzheimer y está internada en un geriátrico. Rafael sólo quiere que lo dejen en paz. Pero una serie de acontecimientos inesperados obligará a Rafael a replantearse su situación. Y en el camino, le ofrecerá apoyo a su padre para cumplir el viejo sueño de su madre: casarse por la iglesia.

Jorge tiene treinta años y piensa que su vida no puede empeorar. Su trabajo le deprime y su novia le deja cuando él le pide matrimonio. A sus amigos no les va mejor: Ramón no sabe que le saca más de quicio, si su mujer, o su más que perdida lucha contra la alopecia; Gonzalo lleva tanto tiempo estudiando Derecho como buscando novia; Carlos aspira a ser un gran actor pero no ha pasado de ser secundario en la teletienda; Miguel, policía y padre de familia, sigue soñando con ser cantautor. El único que parece salvarse es Antonio, pero eso no quiere decir mucho teniendo en cuenta que acaba de salir de la cárcel. La brillante solución para cambiar sus vidas es volver a montar el equipo de fútbol que tenían de jóvenes, y por fin ganar algo en su vida, aunque sea un trofeo de fútbol 7.

irónica	conmovedora	crítica	divertida	pesada	entretenida
emocionante	fuerte	comercial	realista	innovadora	genial

Nombre: ______________________ Fecha: ______________

15-10 In this illustration you'll find some information about what you can do in the Navarra and Aragon regions of the Spanish Pyrenees. Write ten things that you think people can do there.

EJEMPLO: Se puede ir en piragua.

1. ______________________
2. ______________________
3. ______________________
4. ______________________
5. ______________________
6. ______________________
7. ______________________
8. ______________________
9. ______________________
10. ______________________

Which three things would you like to do? Explain why.

EJEMPLO: A mí me gustaría dar una vuelta en helicóptero por las montañas.

1. ______________________
2. ______________________
3. ______________________

Nombre: ______________________________ Fecha: ____________________

15-11 **You be the critic! Think about the last movie, play, concert, or TV program that you saw. Write what you thought about it.**

EJEMPLO: El último programa que vi en la tele fue anoche: un reportaje sobre las minas antipersonales en el Tercer Mundo. Me pareció muy interesante porque...

____

____

____

____

15-12 **Can you find the names of eight different things you can watch on TV in the puzzle?**

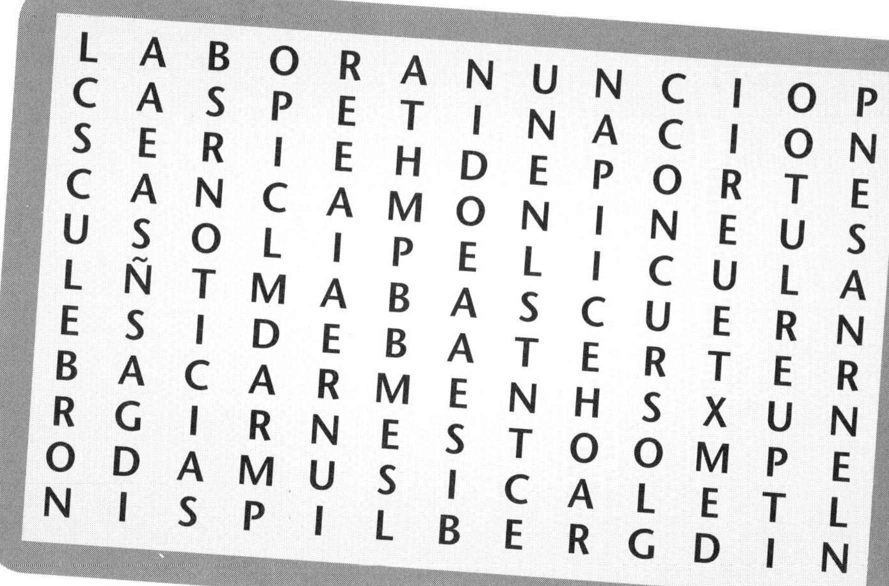

Nombre: ______________________ Fecha: ______________

15-13 **Two people are talking on the phone; they want to meet this afternoon to go to the movies. Put their conversation in order.**

¿Qué te parece a la sesión de las seis y cuarto?

¿Por qué no quedamos esta tarde para ir al cine?

Bueno, vale, pues a las ocho. ¿Que película te apetece ver?

A ver... *El hombre salvaje* y *Mira quién llora.*

Ah, pues muy bien. A las ocho paso por tu casa, ¿vale?

Hasta luego.

¿Al cine? Bueno. ¿A qué hora?

Ah, pues no sé... me da igual. ¿Qué ponen en el Florida, que está más cerca?

Uf, ¡qué rollo! ¿Y si en lugar del cine quedamos en mi casa y alquilamos una de vídeo? Yo tengo ganas de volver a ver *To be or not to be.*

Muy bien. Pues te espero aquí.

¿Tan pronto? Mejor a la de las ocho u ocho y media, ¿no? Es que tendría que estudiar.

HOMBRE:

____
____
____
____
____
____

MUJER:

____
____
____
____
____

Nombre: ______________________ Fecha: ______________

15-14 **Would you like to...? Imagine what the first speaker is proposing in each case, and then provide the final line, as in the example.**

EJEMPLO:

- ● ¿Desayunamos juntos mañana a las nueve?
- ❍ Las nueve es un poco pronto, ¿no?
- ● ¿Y a las nueve y media? Es que más tarde ya no puedo.

1. ● ______________________
   ❍ Me gustaría mucho, pero es que ese día tengo una boda.
   ● ______________________

2. ● ______________________
   ❍ Me parece muy buena idea, ¿cómo quedamos?
   ● ______________________

3. ● ______________________
   ❍ Lo siento pero voy a ir con Pablo.
   ● ______________________

4. ● ______________________
   ❍ Mejor en otro sitio, ¿no? En ese café hay siempre mucha gente.
   ● ______________________

Nombre: ______________________ Fecha: ______________

15-15 **Valentín wants to invite Clara to spend a weekend in San Sebastián. He is e-mailing some suggestions for the weekend to her. Can you help him? Use the information you find on the San Sebastián website pictured.**

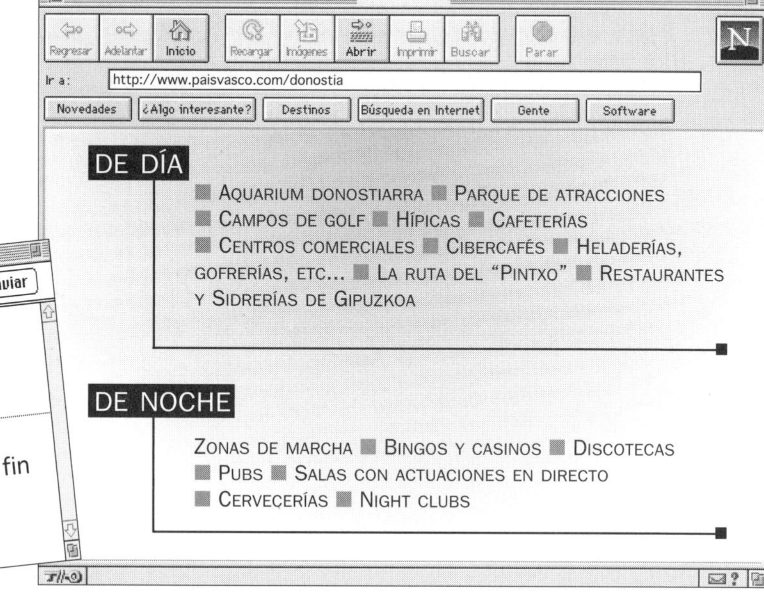

<< Valentín >>

Enviar

Asunto: ¡San Sebastián!
Fecha: 03/02
De: valentin@melonet.com
Para: clara4@raconet.com

Querida Clara:
He pensado que podríamos pasar un fin de semana en San Sebastián...

____

____

____

____

____

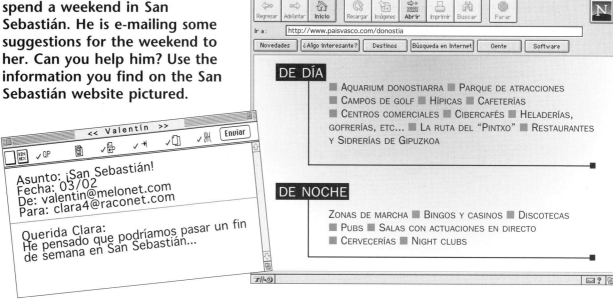

15-16 **Fill your calendar in with all the things that you want to do and have to do next weekend.**

Nombre: ______________________________ Fecha: ____________________

Now listen to the recording and think about the invitations that you receive. Write them down. Are you going to change the plans in your calendar?

1. ______________________________
2. ______________________________
3. ______________________________
4. ______________________________
5. ______________________________

15-17 **Complete the following with *es, está,* or *hay*.**

1. El concierto _____ en el Teatro Olimpia a las diez.
2. La Plaza de Toros _____ muy cerca de mi casa.
3. Creo que la fiesta _____ en casa de María Ángeles. Lo que no recuerdo es en qué calle _____.
4. _____ un concierto muy bueno mañana en el Auditorio Nacional. ¿Te apetece ir conmigo?
5. La película _____ a las cuatro en el cine Rex.
6. Me han dicho que _____ una corrida de toros estupenda el jueves.
7. Hemos quedado en mi casa, que _____ aquí al lado, para tomar un café.
8. • ¿Sabéis dónde _____ la exposición de Tapies?

   ○ Sí, en la Galería Rocambole, que _____ en la calle Almirante.

Nombre: ______________________ Fecha: ______________

15-18 **Read about the following cafés in Madrid. Which one would you take each of these people to?**

de 19 h. a 3 mad. V, S y vísp. hasta 3.30 mad. D de 18 h. a 2.30 mad.

● **El Bosque Animado.** San Marcos, 8 (Chueca). Tel. 91 523 34 89. Bar de copas. Hor. todos los días de 13 h. a mad. D cerr.

● **The Bourbon Cafe.** Carrera de San Jerónimo, 5. (Sol). Tel. 91 522 03 02. Café-restaurante con espectáculo. Hor. todos lo días de 13 a 5.30 mad. V y S hasta 6 mad. *Actuaciones en vivo de jazz y country.*

● **Buddha del Mar.** Ctra. de la Coruña, Km. 8,700. Tel. 91 357 29 07-08 y 677 561 193. Discoteca. Hor. todos los días de 23 h. a mad. D cerr.

● **La Buga del Lobo.** Argumosa, 11 (Lavapiés). Tel. 91 467 61 51. Taberna. Hor. todos los días de 10 h. a 1.30 mad. L cerr.

● **El Búho Real.** Regueros, 5 (Alonso Martínez). Tel. 91 319 10 88. Bar de copas con actuación. Todos los días de 19 h. a mad.

● **En Busca del Tiempo.** Barcelona, 4 (Sol). Tel. 91 521 98 01. Bar de copas y tapas. Hor. todos los días de 11 h. a 2 mad. De J a S de 11 a 4 mad.

● **El Buscón.** Victoria, 5 (Sol). Tel. 91 522 54 12. Taberna-bar de copas con actuación. Hor. todos los días de 12.30 a 1.30 mad. De J a S hasta 3.30 mad. M mañana cerr.

● **But.** Barceló, 11 (Tribunal). Tel. 91 448 06 98. Discoteca. Hor. L, M y J de 22.30 h. a 3 mad. X de 20 h. a 3 mad. V y S de 23.30 h. a 6 mad. y D de 19 h. a 3 mad. X V, S y D: **Bailes de Salón.** J: **Opera House.** S **Light** de 18 a 22.30 h. *Niños de entre 14 a 18 años.* D **Heaven** de 0.30 a mad.

● **Café Comercial.** Gta. de Bilbao, 7 (Bilbao). Tel. 91 521 56 55. Café - Cibercafé. Hor. todos los días de 7.30 h. a 1 mad. V y S de 8.30 h. a 2 mad. D de 10 h. a 1 mad.

● **Café del Cosaco.** Alfonso VI, 4 (La Latina). Tel. 91 365 27 18. Café-concierto. Hor. todos los días de 21 h. a mad.

● **Café en Vivo El Despertar.** Torrecilla del Leal, 18 (Antón Martín). Tel. 91 530 80 95. Café-Jazz años 30. Hor. todos los días de 19 a mad. M cerr. *Actuaciones en vivo.*

● **Café Español.** Príncipe, 25 (Sevilla). Tel. 91 420 17 55. Cafés y cócteles. Hor. de todos los días de 12 h. a 1 mad. V y S hasta 3 mad.

● **Café Gijón.** Pº de Recoletos, 21 (Banco de España). Tel. 91 521 54 25. Café. Todos los días de 7.30 h. a 1.30 mad. V y S hasta 2 mad.

● **Café Manuela.** San Vicente Ferrer, 29 (Tribunal). Tel. 91 531 70 37. Café. Hor. todos los días de 18 h. a 2 mad. V, S y D de 16 a 2.30 mad.

● **Café del Mercado.** Puerta de Toledo, s/n (Mercado Puerta de Toledo). Bar de copas. Todos los días de 11 a 24 h. J, V y S hasta 2 mad. D cerr.

● **Café Moderno.** Pl. de las Comendadoras, 1. (Pl. de España). Tel. 91 522 48 35. Café con actuación. Hor. todos los días de 15 h. a 2 mad. Fines de semana hasta 3 mad.

● **Café del Nuncio.** Nuncio, 12 y Segovia, 9 (La Latina). Tel. 91 366 08 53. Café. Hor. todos los días de 12 h. a 2 mad. V y S hasta 3 mad.

● **Café de Oriente.** Pl. de Oriente, 2 (Ópera). Tel. 91 541 39 74. Café. Hor. todos los días de 8.30 h. a 1.30 mad. V y S hasta 2.30 mad.

● **Café La Palma.** La Palma, 62 (Noviciado). Tel. 91 522 50 31. Bar de copas con actuación. Hor. todos los días de 16 h. a 3.30 mad. M, 21 h.: *cuentacuentos.*

● **Café de París.** Santa Teresa, 12 (Alonso Martínez). Bar de copas. Hor. todos los días de 19 h. a 3 mad.

● **Café del Real.** Pl. de Isabel II, 2 (Ópera). Tel. 91 547 21 24. Café. Hor. todos los días de 9 a 1 mad. V y S de 10 h. a 3 mad. D de 10 a 24 h.

- una persona con la que sales por primera vez y te gusta mucho
- un compañero con el que tienes que hablar de trabajo
- un grupo de amigos después de cenar
- una persona que no te cae muy bien, pero a la que tienes que acompañar un día
- un amigo a quien le gusta mucho el cine
- un amigo aficionado al jazz

EJEMPLO: Yo, con un niño, iría a La Palma, porque los martes hay cuentacuentos.

1. ______________________________

2. ______________________________

3. ______________________________

4. ______________________________

5. ______________________________

6. ______________________________

Nombre: ______________________ Fecha: ______________

15-19 **Can you put these sentence elements together? They are opinions about people, things, and activities.**

Estuve el otro día en el circo	me cayó francamente mal;	A mí sí me gustó.
Hace unos días vi una película	me gustaron muchísimo;	fue aburridísima.
A mis padres y a mí	no me gustaron nada de nada;	es preciosa.
Ayer conocí a Carmen y a María	no te gustó mucho. ¿Es cierto?	estaban malísimos.
María me dijo que la obra de teatro	nos gustó mucho tu exposición;	fue fantástico.
Los espagueti que comimos anoche	que no me gustó nada;	no para de hablar.
La novia de Juanjo	y me encantó;	son preciosos.
Los cuadros que compró Luis	y, la verdad, me cayeron muy bien;	son geniales.

1. ______________________
2. ______________________
3. ______________________
4. ______________________
5. ______________________
6. ______________________
7. ______________________
8. ______________________

Nombre: ______________________________ Fecha: ____________________

Autoevaluación

En general:	☀	☀☁	☁☀	☁
Mi participación en clase...				
Mis progresos en español...				
Mis dificultades...				

Y en particular:					
Gramática					
Vocabulario					
Pronunciación					
Lectura					
Comprensión					
Escritura					
Cultura					

Diario personal

En GENTE QUE LO PASA BIEN aprendí (muchas/bastantes/pocas) cosas nuevas. Fue muy útil aprender sobre ____________ y ____________. Lo que menos me gustó fue ____________ y lo que más fue ____________. Tuve (algunos/bastantes/muchos) problemas con ____________. Lo más fácil fue ____________ y lo más difícil fue ____________. Me gustaría comprender mejor ____________ y saber más sobre ____________. Las cosas que más me interesaron sobre España fueron ____________. Creo que ahora sé mucho más sobre ____________. En general, participé en clase (poco/bastante/mucho).

16 gente sana

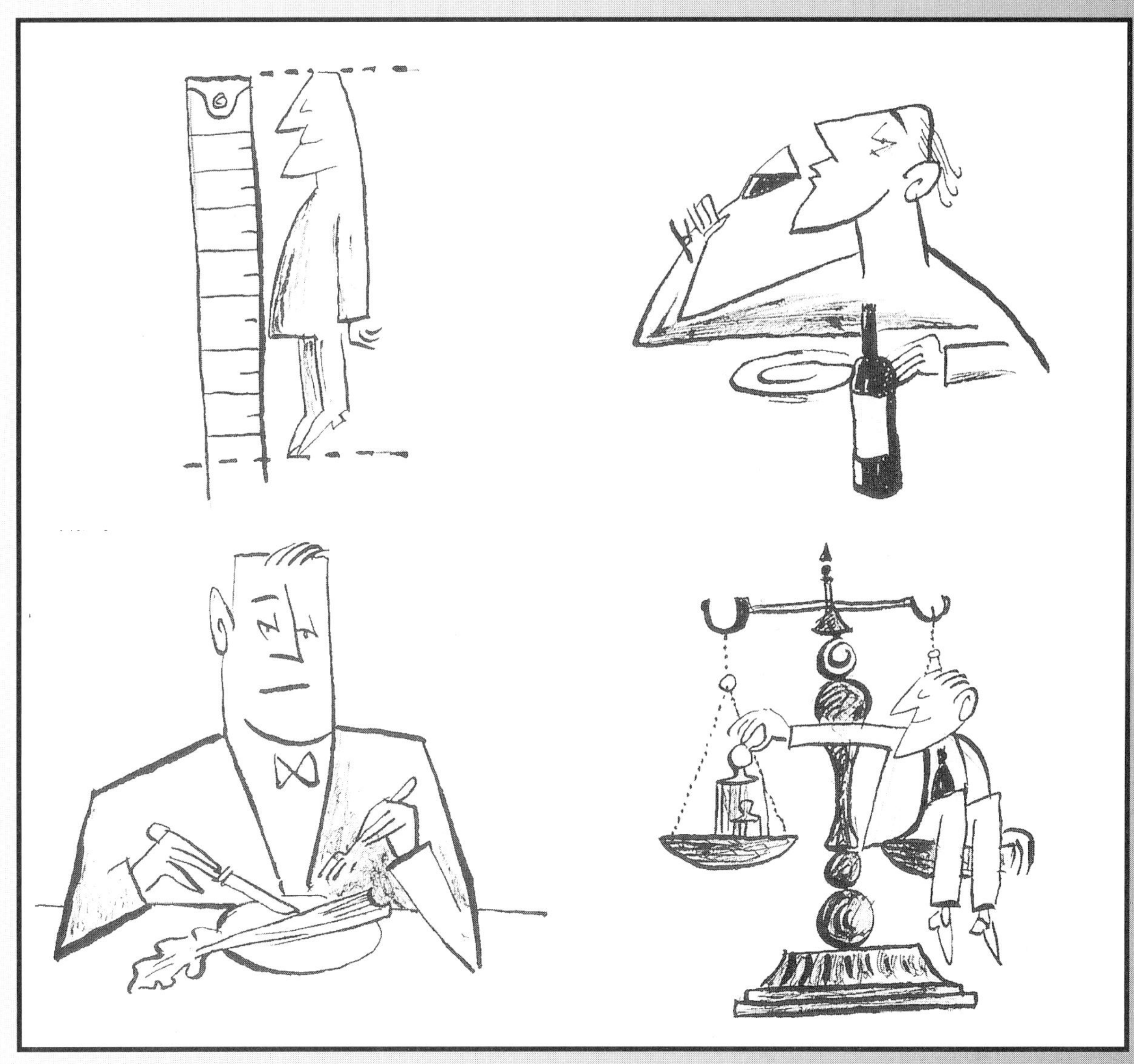

Nombre: ______________________ Fecha: ______________

16–1 **Read the following statements. Are they true or false?**

	VERDAD	MENTIRA	NO SE
1. La hipertensión causa dolores de cabeza y mareos.			
2. Las grasas animales aumentan el nivel del colesterol.			
3. Lo mejor para dejar de fumar son los parches y los chicles.			
4. Tres vasos de vino al día son buenos para el corazón.			
5. Pasear durante tres cuartos de hora cada día es un buen ejercicio.			
6. Es mejor hacer dieta bajo control médico.			

You can check your answers by rereading the text in exercise 16–2 of the textbook.

16–2 **The health magazine *Gente sana* is conducting a survey and would like to ask you a few questions related to your health.**

First, get ready. What might they ask you about in a survey like this? Write your ideas down, in Spanish, on the lines below.

____

____

____

____

____

____

Now listen to the survey and write down ten of the fifteen questions you hear.

Encuesta nº: 2.435

◆ CAMPAÑA DE PREVENCIÓN DE ENFERMEDADES CARDIOVASCULARES ◆

◆ ______________ ◆ ______________

◆ ______________ ◆ ______________

◆ ______________ ◆ ______________

◆ ______________ ◆ ______________

◆ ______________ ◆ ______________

Nombre: ______________________ Fecha: ______________

16-3 **Which words are related to each of these health problems? Some words may fit in more than one place.**

alimentación	ejercicio	dieta	masaje	engordar	fumar
peso	adelgazar	nicotina	estiramientos	agacharse	cigarrillo
chicle	adicto	parche	lesionarse	inflamación	

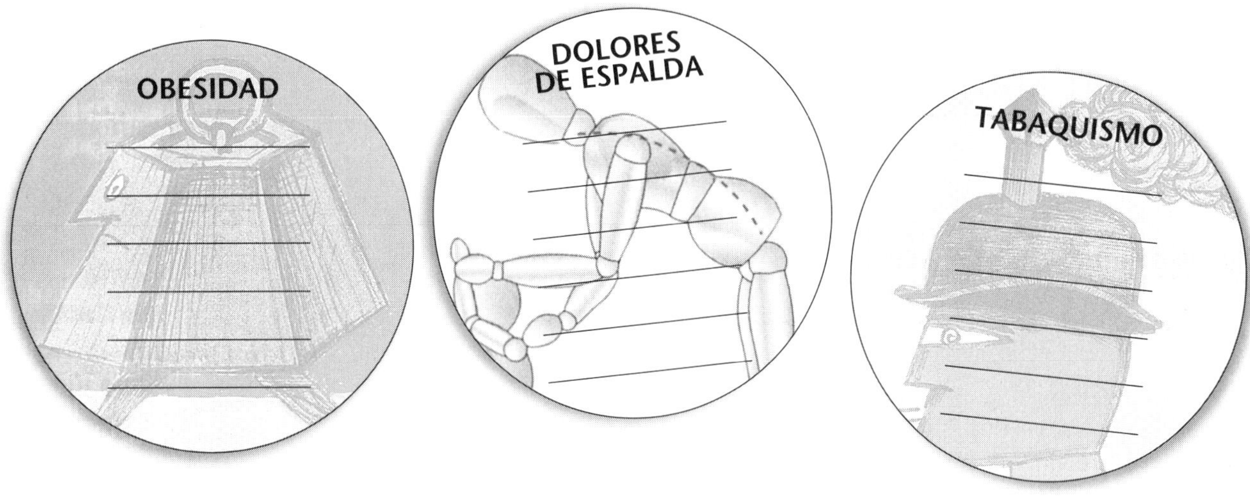

16-4 **Some friends are telling you about their health problems. Can you give them some advice using the *tú* command form?**

EJEMPLO: *No veo bien.* ⟶ *Pues si no ves bien, ve al oculista; tal vez necesitas anteojos.*

1. Engordé mucho este año.
2. Me canso mucho al subir las escaleras.
3. Tengo mucho apetito.
4. Tengo mucho dolor de cabeza.
5. Tomé demasiado el sol.
6. Me mareo en el coche.
7. Veo demasiado la tele.
8. Tengo la tensión alta.
9. Tengo dolor de muelas.
10. Me duelen mucho las piernas.

Nombre: ______________________________ Fecha: ____________________

Now write the same recommendations using the *usted* form.

1. Engordé mucho este año. ______________________________
2. Me canso mucho al subir las escaleras.______________________________
3. Tengo mucho apetito.______________________________
4. Tengo mucho dolor de cabeza.______________________________
5. Tomé demasiado el sol.______________________________
6. Me mareo en el coche.______________________________
7. Veo demasiado la tele.______________________________
8. Tengo la tensión alta.______________________________
9. Tengo dolor de muelas.______________________________
10. Me duelen mucho las piernas.______________________________

16-5 Have you ever had any of the following health problems? How did you feel?

EJEMPLO: Gripe: Tenía bastante fiebre y me sentía muy cansado.

Dolor de oídos: ______________________________

Conjuntivitis: ______________________________

Alergia al polen: ______________________________

Apendicitis: ______________________________

Varicela: ______________________________

Intoxicación: ______________________________

Nombre: ______________________ Fecha: ______________

16-6 **Did you know you can estimate a person's life expectancy? If you want to know how long you will live according to the statistics, answer this questionnaire. Start with number 72, and add (+) or substract (-) according to your answers (but remember: these are just statistics).**

Si eres hombre, resta tres. Si eres mujer, suma 2.		Si te gusta manejar rápido, resta 2.	
Si vives en una gran ciudad, resta 2.		Si bebes más de cuatro cervezas al día, resta 1.	
Si vives en un pueblo, suma 2.		Si te gusta comer fruta y verdura, suma 1.	
Si tienes estudios universitarios, suma 2.		Si piensas que, en general, eres feliz, suma 2.	
Si vives solo/a, resta 1; si vives con alguien, suma 3.		Si fumas más de dos paquetes de tabaco al día, resta 6; si fumas más de un paquete, resta 4; si fumas más de 10 cigarrillos, resta 2.	
Si trabajas sentado/a, resta 3.			
Si haces deporte a menudo, suma 4.			
Si duermes bien, suma 2.		RESULTADO FINAL:	
Si eres agresivo, resta 3; si eres tranquilo, suma 1.			

16-7 **Place each of the following words in one (or more) of the boxes.**

las muelas muelas los ojos la espalda espalda resfriado/a bien
fatal muy mal mareado/a el oído las piernas estómago

LE PICAN

TIENE DOLOR DE

LE DUELE

ESTÁ

SE ENCUENTRA

SE HA HECHO DAÑO EN

LE DUELEN

Nombre: ______________________________ Fecha: ____________________

16-8 **Complete these sentences with the following words or expressions.**

peligroso · fiebre · ir a emergencias · alérgico · régimen
picó · llamar a un médico · gotas · adelgazado · tomando el sol
calmar el dolor · dieta · síntomas

1. Jacinto no está bien. Yo creo que tenemos que __________ rápido o __________.
2. • Me parece que tengo una gastroenteritis: tengo diarrea, náuseas...

   ○ ¿Tienes __________?

   • Un poco, 38 grados.
3. No puedo tomar ningún antibiótico. Soy __________.
4. Uy, me __________ una avispa. ¡Uf, cómo duele!
5. A mí me gusta ir a la playa, darme un baño, pero no estar horas y horas allí tumbado, __________. Además, está demostrado que el sol puede ser bastante __________.
6. El doctor dijo que los __________ son los típicos de una astenia primaveral, nada de importancia.
7. Hoy no me encuentro muy bien. Comí algo que me sentó mal. Voy a hacer __________: arroz blanco y un poco de manzana rallada.
8. Le duele mucho la herida y le han dado algo para __________, un analgésico bastante fuerte.
9. Ha __________ mucho últimamente. Me dijo que hizo un __________ a base de fruta y verdura, y perdió 10 kilos.
10. Ya son las 10h. ¿Le pusiste las __________ para el oído a la niña?

16-9 **Match each word in the left column to one in the right column. One is done for you.**

1. dolor	de avispa
2. picadura	muscular
3. molestias	alta
4. reacción	de guardia
5. fiebre	de segundo grado
6. quemadura	al tragar
7. médico	alérgica

Now complete the following paragraph with some of the expressions you just came up with.

Una simple *picadura de avispa* puede provocar una (8) ________ ________: el paciente puede sufrir (9)________ ________ y, a veces, también (10) ________ ________ y (11)________ ________. En esos casos, lo mejor es llevar a la persona al (12)________ ________ ________ inmediatamente.

Nombre: ______________________ Fecha: ______________

Listen to these conversations between a nurse and two of her patients. First, try to complete the charts. Then give a diagnosis to each patient.

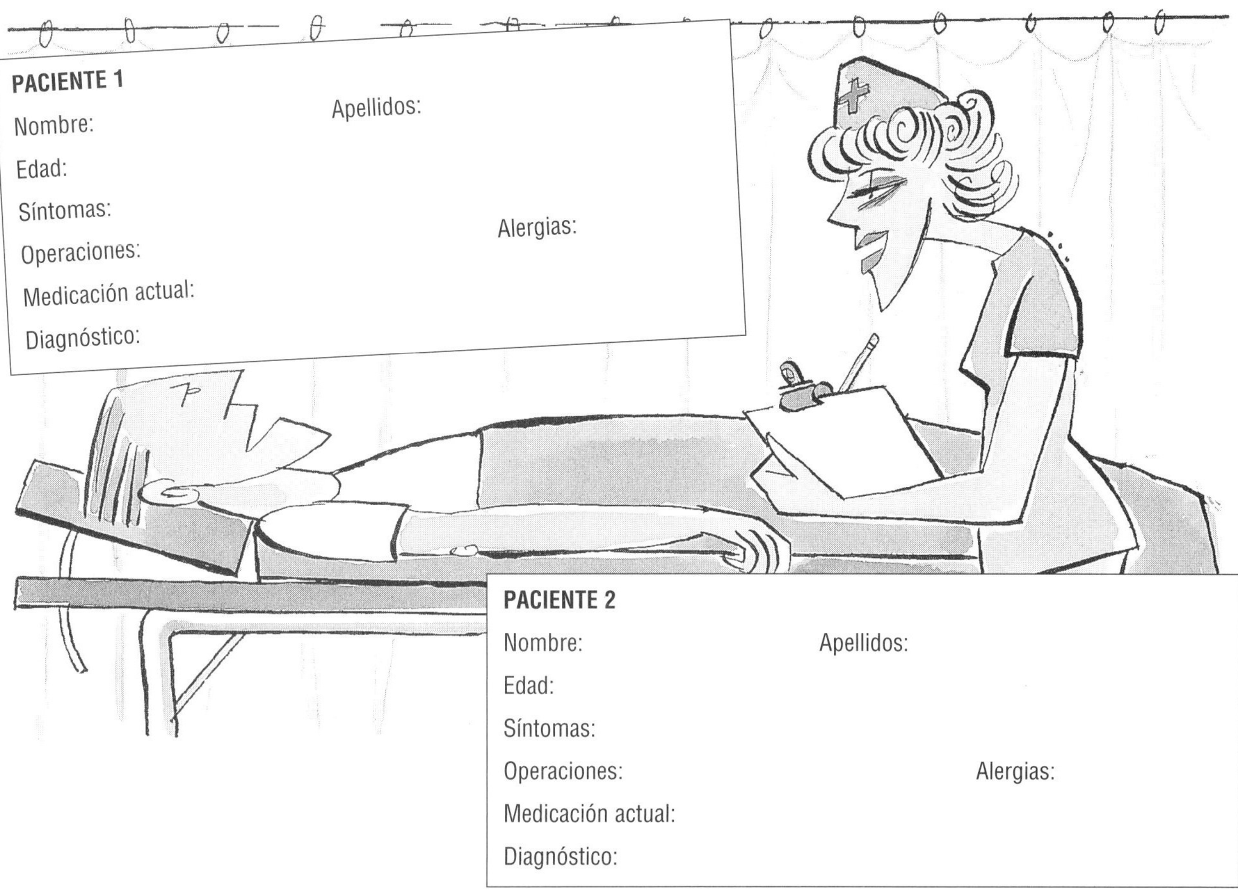

PACIENTE 1

Nombre: Apellidos:

Edad:

Síntomas:

Operaciones: Alergias:

Medicación actual:

Diagnóstico:

PACIENTE 2

Nombre: Apellidos:

Edad:

Síntomas:

Operaciones: Alergias:

Medicación actual:

Diagnóstico:

Listen to these sentences to find out if the speakers are using *tú* or *usted.* Then choose the correct follow-up statement.

1. a. Y deberías también comer más verdura.
   b. Y debería también beber menos alcohol.
2. a. Y piensa en todas las cosas buenas que tienes.
   b. Y piense en todas las cosas buenas que tiene.
3. a. Abrígate bien.
   b. Abríguese bien.
4. a. Y si no puede, llame antes.
   b. Y si no puedes, llama antes.
5. a. Te irá bien para la circulación de la sangre.
   b. Le irá bien para la circulación de la sangre.
6. a. pero bebe demasiado.
   b. pero tienes que beber menos.
7. a. por eso está tan delgado.
   b. y duerma por lo menos ocho horas diarias.
8. a. y haz todas las comidas en horarios regulares.
   b. y haga todas las comidas en horarios regulares.

Nombre: ______________________ Fecha: ______________

16-12 **Read the information below about preventing accidents. Then write the correct infinitive or *usted* command form of the verbs indicated in the blank spaces.**

PREVENCIÓN de ACCIDENTES DOMÉSTICOS

La mayoria de los accidentes domésticos se podrían evitar. Bastaría con sequir los consejos siguientes.

PARA EVITAR ACCIDENTES POR QUEMADURAS

✓ No (dejar) (1) ______________ cigarrillos o colillas mal apagadas.

✓ (Desconectar) (2) ______________ la plancha cuando no la está usando.

✓ No hay que (dejar) (3) ______________ nunca sin vigilancia el aceite en la sartén.

✓ No (echar) (4) ______________ nunca agua a una sartén con aceite hirviendo.

✓ No (permitir) (5) ______________ a los niños jugar con cerillas o encendedores.

PARA EVITAR LA ELECTROCUCIÓN POR APARATOS ELÉCTRICOS

✓ Los apartos eléctricos deben (tener) (6) ______________ toma de tierra.

✓ No hay que (tocar) (7) ______________ nunca aparatos eléctricos con las manos mojadas.

PARA EVITAR HERIDAS POR OBJETOS CORTANTES

✓ Se debe (tener) (8) ______________ especial cuidado de los niños cuando manejan objetos de cristal como botellas, copas....

✓ No conviene (dejar) (9) ______________ al alcance de los niños cuchillos, tijeras, cuchillas de afeitar, agujas, alfileres u otros instrumentos cortantes.

✓ No (guardar) (10) ______________ juguetes metálicos rotos, pues son elementos cortantes que pueden herir.

Nombre: ______________________ Fecha: ______________

16-13 **Write something you can do, something you cannot do, and something that you must do in each of the following places.**

	SE PUEDE	NO SE PUEDE	HAY QUE
En un cine…			
En un hospital…			
En la clase de español…			
En un aeropuerto…			
En un parque nacional…			
En una discoteca…			
En una biblioteca…			

16-14 **Change the bold sentence fragments so they contain the impersonal *tú* form.**

1. En verano en mi ciudad la gente no sale a la calle porque hace tanto calor que **cualquier persona se puede enfermar.** ______________________
2. Si en la playa **la gente no se pone** cremas con filtro solar **puede tener** quemaduras muy graves. ______________________
3. **Se debe comer** bien y beber mucha agua durante el verano. ______________________
4. En mi universidad la vida es muy tranquila: **la gente estudia, se divierte** los fines de semana, **participa** en diversas actividades. ______________________
5. Lo primero que **la gente tiene que hacer** cuando **llega** a un país extranjero es hablar con nativos. ______________________

Nombre: ______________________ Fecha: ______________

16-15 **Some verbs are missing from this ad about accident prevention. Write them in, using the affirmative or negative *Usted* command forms of the verbs in the box.**

evitar	abrocharse	procurar	olvidarse	salir	comer	colocar
estudiar	elegir	respetar	beber	parar	sentar	

EN VACACIONES RECUERDE ...

ANTES DE INICIAR EL VIAJE

(1)__________ dormir bien la noche anterior y (2)__________ de las preocupaciones para salir descansado y relajado. No (3)__________ sin comprobar el estado de su carro (frenos, llantas, luces, etc).

LOS PASAJEROS Y EL EQUIPAJE

(4)__________ bien el equipaje, para no afectar negativamente la estabilidad del coche. (5)__________ a los niños en sillas portabebés adecuadas a su peso. (6)__________ siempre el cinturón de seguridad.

LA RUTA

Antes del viaje, (7)__________ el mejor itinerario para evitar carreteras congestionadas y obras.

EL MOMENTO DE SALIR

Hay días en los que es mejor no viajar, porque las carreteras están saturadas. (8)__________ muy bien el día y la hora en que va a viajar y (9)__________ las horas punta.

Y DURANTE EL VIAJE

No (10)__________ demasiado: las digestiones pesadas causan somnolencia. No (11)__________ alcohol y (12)__________ cuando se sienta cansado. (13)__________ en todo momento los límites de velocidad.

Nombre: ______________________ Fecha: ______________________

16–16 **In this emergency room some strange things are happening, and people don't seem to be doing what they are supposed to. First, describe the problems that you see.**

EJEMPLO: *En los hospitales no se puede tener animales y este señor tiene un pájaro en su habitación.*

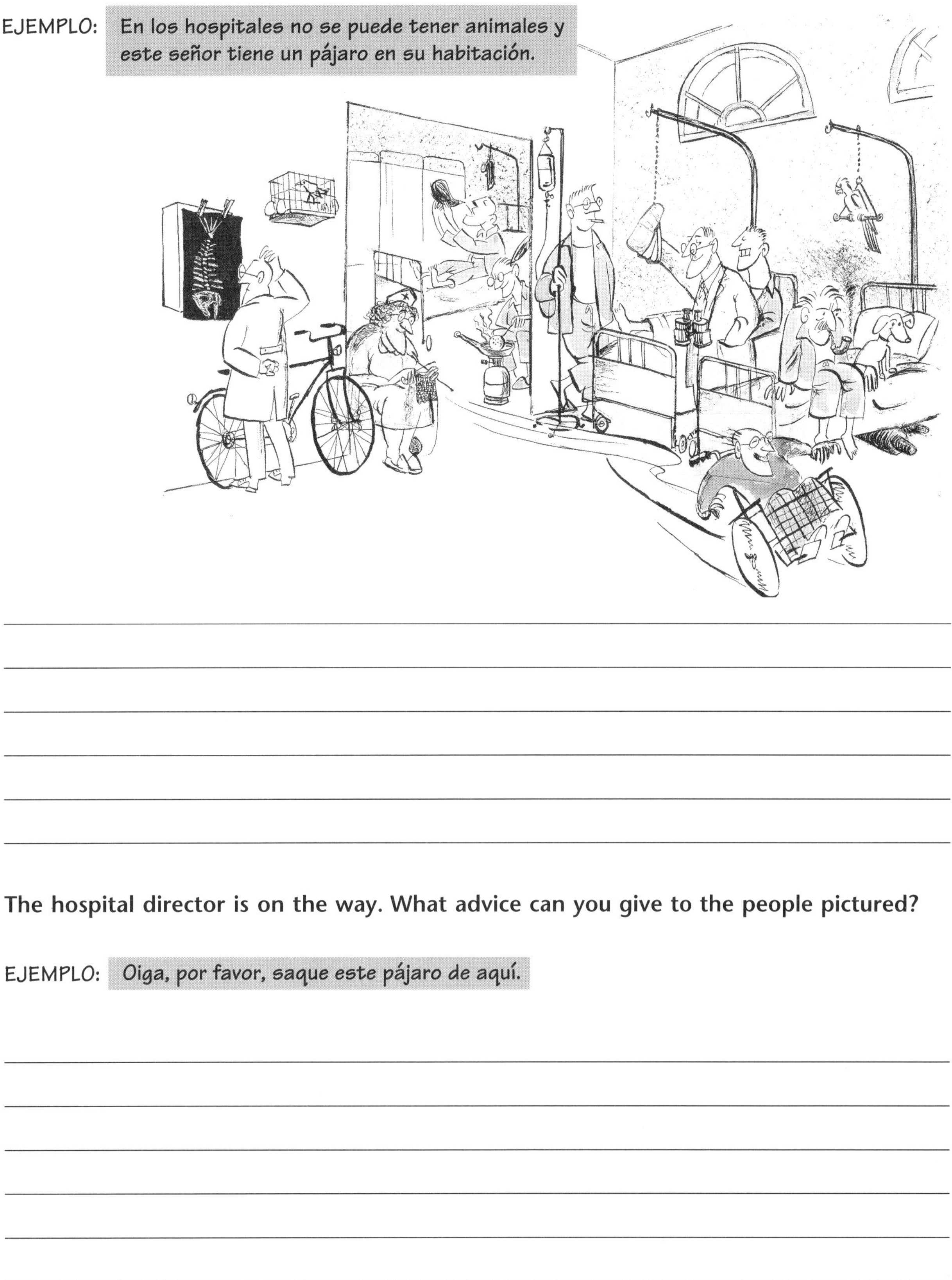

____

____

____

____

____

____

The hospital director is on the way. What advice can you give to the people pictured?

EJEMPLO: *Oiga, por favor, saque este pájaro de aquí.*

____

____

____

____

____

____

Nombre: ______________________________ Fecha: ____________________

16–17 **Write two recommendations for each of the following people. One needs to be in the form of an affirmative command, and the other a negative command.**

1.
Mis vecinos hacen muchísimo ruido por las noches y no puedo dormir.

______________________________.

No ______________________________.

2.
Últimamente estoy engordando muchísimo y eso que casi no como nada.

______________________________.

No ______________________________.

3.
Mi suegra se pasa el día en mi casa, criticándolo todo. Estoy desesperado.

______________________________.

No ______________________________.

4.
Acabo de llegar a esta ciudad, no conozco a nadie y estoy muy sola.

______________________________.

No ______________________________.

5.
Tengo muchos problemas con la piel, estoy feísima y me siento muy insegura: no quiero salir.

______________________________.

No ______________________________.

6.
Quiero aprender español, ¿qué puedo hacer?

______________________________.

No ______________________________.

Nombre: ______________________ Fecha: ______________

16-18 **Argente is a city with many problems. A resident of this city wrote a letter to the editor of a local newspaper. Read it and notice all the words used to relate ideas (in bold).**

CARTAS AL DIRECTOR

Sr. Director:
Me dirijo a su periódico para expresar mi más rotunda protesta ante la situación que está creando en nuestra ciudad el aumento del precio de la vivienda. **Para empezar**, en este momento resulta casi imposible alquilar un apartamento en Argente **ya que**, como todo el mundo sabe, los precios subieron enormemente estos últimos dos meses. **Sin embargo**, los sueldos de los trabajadores de Argente siguen estando por debajo de la media del país. **Además**, el alquiler de mi piso, **por ejemplo**, costaba hasta hace poco 400 pesos mensuales; **sin embargo** ahora el propietario pide 550; **como** no me queda otra opción, estaré obligado a pagar este alquiler. **Por último**, hay muchos habitantes en esta ciudad que ven, sin poder hacer nada, cómo el problema de la vivienda empeora **a pesar de que** muchas casas y pisos permanecen vacíos y sin arreglar. **En resumen**, me gustaría denunciar esta situación. **A pesar de que** los ciudadanos de Argente pagamos los impuestos municipales más altos del país, el Municipio no hace nada para solucionar los problemas que más nos afectan. ¿Por qué?

Manuel Camino

Imagine that your city has some problems too. Write a letter to a newspaper about one of the following topics. The information in each box will help you. Use words and expressions like the ones in the letter above to draw relationships between your ideas.

EL TRÁFICO Y LOS ROBOS

- obras en todas las calles
- embotellamientos todas las mañanas
- muchos robos
- delincuencia en la calle

FALTA DE HOSPITALES

- un solo hospital
- ciudad muy grande
- muchos médicos desempleados
- enfermos en los pasillos

LA CONTAMINACIÓN Y LA SUCIEDAD

- mucha contaminación y suciedad
- transporte público deficiente
- demasiados carros
- no hay contenedores para reciclar papel

____

____

____

____

____

____

____

____

Nombre: ______________________________ Fecha: ____________________

16–19 **Change as many of these adjectives as you can into adverbs using the suffix *-mente.* Keep in mind that not all of them can be changed that way.**

grave serio inteligente lento saludable

consciente sentado mareado obvio bonito

______________________ ______________________

______________________ ______________________

______________________ ______________________

______________________ ______________________

______________________ ______________________

Now write sentences using each of the adverbs ending in *-mente.*

____

____

____

____

____

____

____

____

____

____

Nombre: ______________________ Fecha: ______________________

Autoevaluación

En general:	☼	☼☁	☁☼	☁
Mi participación en clase...				
Mis progresos en español...				
Mis dificultades...				

Y en particular:					
Gramática					
Vocabulario					
Pronunciación					
Lectura					
Comprensión					
Escritura					
Cultura					

Diario personal

En GENTE SANA aprendí (muchas/bastantes/pocas) cosas nuevas. Fue muy útil revisar ______________ y ______________. Lo que menos me gustó fue ______________ y lo que más fue ______________. Tuve (algunos/bastantes/muchos) problemas con ______________. Lo más fácil fue ______________ y lo más difícil fue ______________. Me gustaría comprender mejor ______________ y saber más sobre ______________. Las cosas que más me interesaron sobre Costa Rica fueron ______________. Creo que ahora sé mucho más ______________. En general, participé en clase sobre ______________ (poco/bastante/mucho).

17 gente que inventa

Nombre: ______________________ Fecha: ______________

17-1 **Think about something that you use every day. Then answer the following questions based on the object you have in mind.**

1. ______________ 9. ______________
2. ______________ 10. ______________
3. ______________ 11. ______________
4. ______________ 12. ______________
5. ______________ 13. ______________
6. ______________ 14. ______________
7. ______________ 15. ______________
8. ______________ 16. ______________

17-2 **Do you remember what your first bike looked like? Who bought it for you? What about these other things? Choose five items from the list to write about.**

bicicleta

reloj

instrumento musical

muñeca

computadora

libro de español

mascota

EJEMPLO: Mi primera bici tenía cuatro ruedas, era verde y azul. Me la compró mi papá a los seis años.

____

____

____

____

____

Nombre: ______________________ Fecha: ______________

17-3 **With which hand do you prefer to use these objects?**

EJEMPLO: la raqueta de tenis — *La raqueta la agarro con la izquierda.*

el peine ______________________

la palanca de cambios del carro ______________________

el lápiz de labios ______________________

el teléfono móvil ______________________

las herramientas ______________________

las llaves de la casa ______________________

las tijeras ______________________

los palos de golf ______________________

17-4 **Think of appropriate questions to go along with the answers given.**

¿Con qué...?
¿De qué...?
¿Qué...?
¿Cómo...?
¿Dónde...?

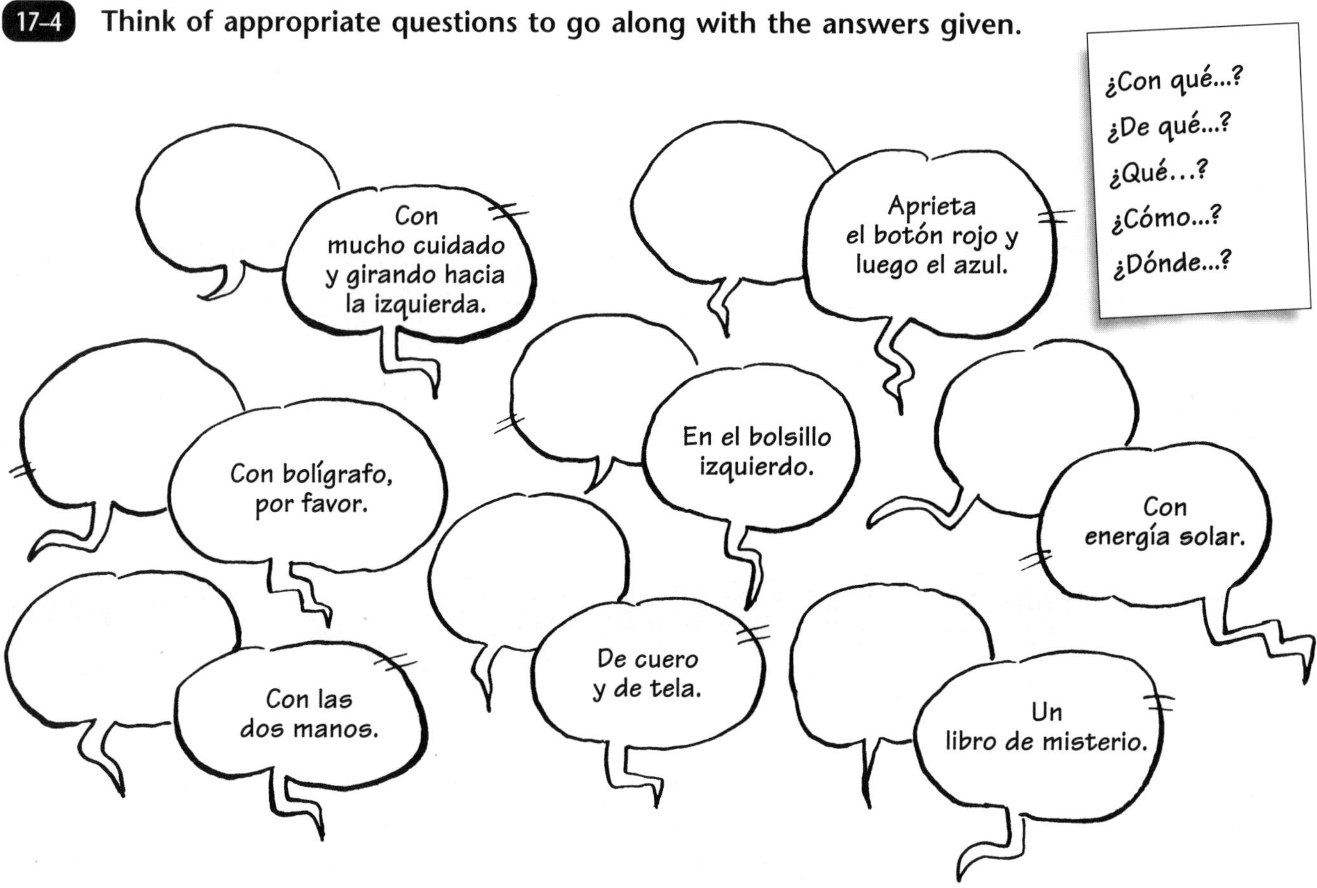

Con mucho cuidado y girando hacia la izquierda.
Aprieta el botón rojo y luego el azul.
En el bolsillo izquierdo.
Con bolígrafo, por favor.
Con energía solar.
De cuero y de tela.
Con las dos manos.
Un libro de misterio.

Nombre: ______________________________ Fecha: ____________________

17-5 What objects are these people talking about?

1. ______________________________
2. ______________________________
3. ______________________________
4. ______________________________
5. ______________________________

17-6 Listen and take notes. What can they be talking about? Write down as many objects that you can think of that fit. Look for clues in the gender and number of the adjectives.

17-7 Complete the following chart with the forms of the present subjunctive that are missing.

ESTUDIAR		LEER		ESCRIBIR	
INDICATIVO	SUBJUNTIVO	INDICATIVO	SUBJUNTIVO	INDICATIVO	SUBJUNTIVO
estudio	estudie	leo		escribo	escriba
estudias		lees	leas	escribes	escribas
estudia	estudie	lee		escribe	
estudiamos		leemos	leamos	escribimos	
estudiáis		leéis		escribís	escribáis
estudian	estudien	leen		escriben	
TENER		**PODER**		**QUERER**	
INDICATIVO	SUBJUNTIVO	INDICATIVO	SUBJUNTIVO	INDICATIVO	SUBJUNTIVO
tengo		puedo	pueda	quiero	
tienes	tengas	puedes	puedas	quieres	
tiene	tenga	puede		quiere	quiera
tenemos		podemos		queremos	queramos
tenéis	tengáis	podéis		queréis	
tienen		pueden	puedan	quieren	quieran

Nombre: ______________________ Fecha: ______________

17-8 **Can you explain the difference between sentences A and B? When would you use each sentence?**

1. a. ¿Conocen a una actriz rubia que **toca** el piano?
   b. ¿Conocen a una actriz rubia que **toque** el piano?
2. a. Quiero trabajar con una persona que **tiene** muchísima experiencia.
   b. Quiero trabajar con una persona que **tenga** muchísima experiencia.
3. a. Necesito un libro que **trata** de la Guerra Fría.
   b. Necesito un libro que **trate** de la Guerra Fría.
4. a. Estoy buscando a un profesor que **da** clases de portugués.
   b. Estoy buscando a un profesor que **dé** clases de portugués.

____

____

17-9 **Place these objects in the eight spaces on your shelves. Then write sentences explaining where you placed each thing. Don't forget to use direct object pronouns.**

arriba
abajo
en el centro
a la derecha
a la izquierda

TU ESTANTERÍA

las flores		

unas fotos

una cartera

una mochila

unos vasos

un despertador

unas flores

una tetera

unos lápices

un teléfono

EJEMPLO: *Las flores las he puesto arriba a la izquierda.*

____

____

____

____

____

____

____

____

Nombre: ______________________ Fecha: ______________

17–10 **What are we describing?**

1. Es un objeto **en el que** puedes colgar ropa, normalmente es de plástico, de metal o de madera y está en los armarios. ______________________

2. Es una cosa **con la que** puedes escribir en tu computadora. Tiene teclas y normalmente usas los dedos para tocar las teclas. ______________________

3. Son unos electrodomésticos de metal **en los que** ponemos la ropa sucia. Hay de varios tipos y a veces hacen mucho ruido. ______________________

4. Son unas cosas de cristal **con las que** puedes ver mejor. Pueden ser redondas, cuadradas, de sol, etc. ______________________

17–11 **Notice how prepositions *(en, con, a, para...)* are used in the relative clauses of 17–10. Write four new sentences, using the relative pronouns above, about inventions that you consider very important to society.**

1. ______________________
2. ______________________
3. ______________________
4. ______________________

17–12 **When is the last time that something like this happened in your home? First complete the chart, and then write four complete sentences, as in the example.**

	¿DÓNDE ESTABAS?	¿CON QUIÉN?	¿QUÉ PASÓ?	¿QUÉ HICISTE DESPUÉS?
irse la luz	en mi casa	solo	se fue la luz	me fui a la cama
1. terminarse el agua caliente				
2. estropearse el aire acondicionado				
3. secarse las plantas				
4. quedarse sin comida				

EJEMPLO: La última vez que se fue la luz en casa estaba yo sólo y de repente se fue la luz. Entonces me fui a la cama.

1. ______________________
2. ______________________
3. ______________________
4. ______________________

Nombre: ______________________ Fecha: ______________

17-13 **Read the following dialogues and mark all the direct object pronouns you see.**

1. • ¿Viste a los niños?
   ○ No, hoy no los he visto.

2. • ¿Viste a los niños?
   ○ A Laura la he visto en el jardín, a Pablo no.

3. • ¿Viste a los niños?
   ○ He visto a Laura en el jardín.

4. • Las maletas, ¿dónde las pongo?
   ○ Las puedes poner en mi cuarto.

5. • ¿Llevabas abrigo anoche?
   ○ ¿Abrigo? No, no llevaba.

6. • Y las maletas, ¿dónde las pongo?
   ○ Ahí, con las cajas.

7. • ¿Ya vino el técnico?
   ○ Sí, arregló la lavadora y se llevó el televisor.

8. • ¿Ya vino el técnico?
   ○ Sí, la lavadora la arregló pero el televisor se lo llevó.

9. • ¿Tienes carro?
   ○ Carro no tengo. La moto la he estacionado en el estacionamiento subterráneo.

Now answer these yes/no questions about when we use the direct object pronoun in Spanish.

WE USE THE DIRECT OBJECT PRONOUN IN SPANISH IN...	SÍ	NO
- sentences with the D.O. after the verb.	❑	❑
- sentences with the D.O. before the verb (with definite article or possession).	❑	❑
- sentences with the D.O. before the verb (without article or possession).	❑	❑
- phrases without a verb.	❑	❑

Nombre: ______________________________ Fecha: ____________________

17-14 **You probably have some things at home that are very special to you. Where do you keep them? Who gave them to you? Did you buy them yourself?**

tus libros preferidos
1. tu cuadro preferido
2. tu bolígrafo preferido
3. tu joya preferida
4. tu pijama preferido
5. tus pantuflas (*slippers*) más cómodas
6. tu perfume
7. tu foto preferida
8. tu sillón

...me lo/la/los/las compré yo mismo/a.

...me lo/la/los/las regaló ____________.

EJEMPLO: *Mis libros preferidos los tengo en una estantería, al lado de la cama. Casi todos me los compré yo.*

1. ______________________________
2. ______________________________
3. ______________________________
4. ______________________________
5. ______________________________
6. ______________________________
7. ______________________________
8. ______________________________

Nombre: ______________________ Fecha: ______________

17-15 **Iván went away for awhile, and when he came back his apartment was a total disaster. What happened? Write six sentences describing what you see. Use impersonal se.**

EJEMPLO: La planta se murió.

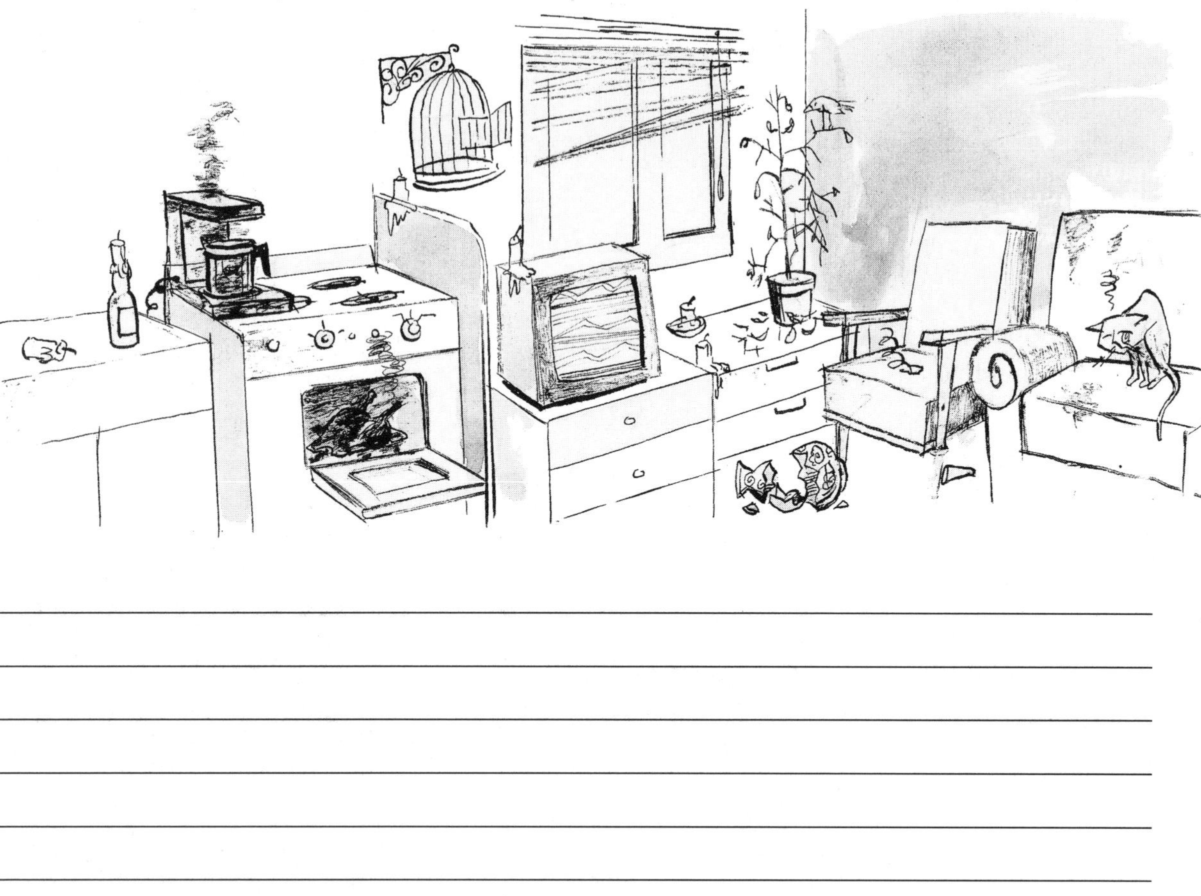

____

____

____

____

____

____

17-16 **¿Indicative or subjunctive? Decide by reading the following dialogues, paying attention to the relative clauses embedded in them.**

1. • No te lo vas a creer pero parece que han inventado un aparato que (poder) ____________ leer el pensamiento.
   ○ No, no me lo creo, claro, porque no hay nada que (leer) ____________ el pensamiento.
2. • Me prestas... esa cosa que (servir) ____________ para quitar las manchas de la ropa...
   ○ ¿El quitamanchas?
3. • Vengo de la oficina de intercambio, pero no hay nadie que (querer) ____________ hacer intercambio español–inglés.
   ○ Vaya, lo siento, otros años siempre hay gente que (estar) ____________ interesada en practicar.
4. • Tengo muchos problemas de dinero. No sé qué voy a hacer.
   ○ Lo siento, te ayudaré en todo lo que (poder) ____________.

Nombre: ______________________ Fecha: ______________________

17-17 **Describe the following things without using any of the words in parentheses.**

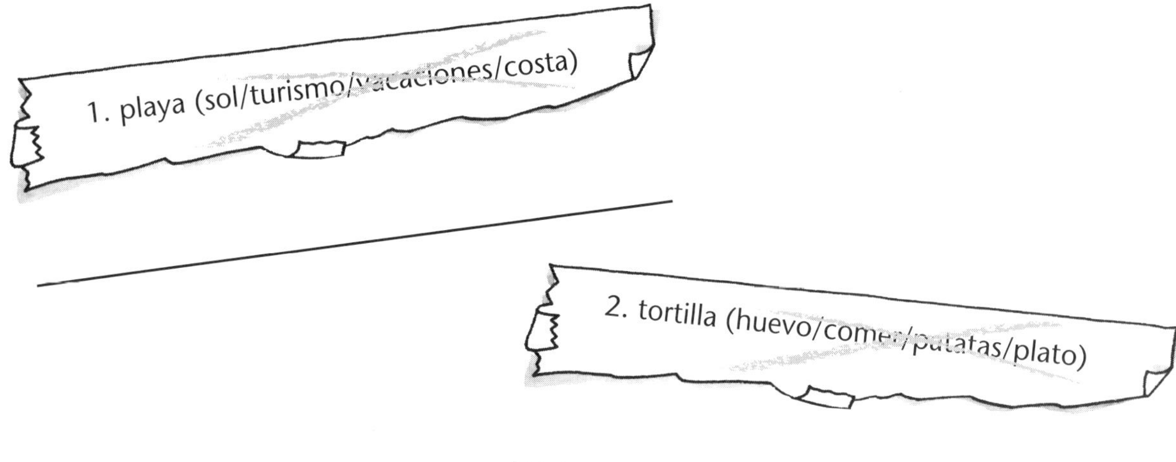

1. playa (sol/turismo/vacaciones/costa)
2. tortilla (huevo/comer/patatas/plato)

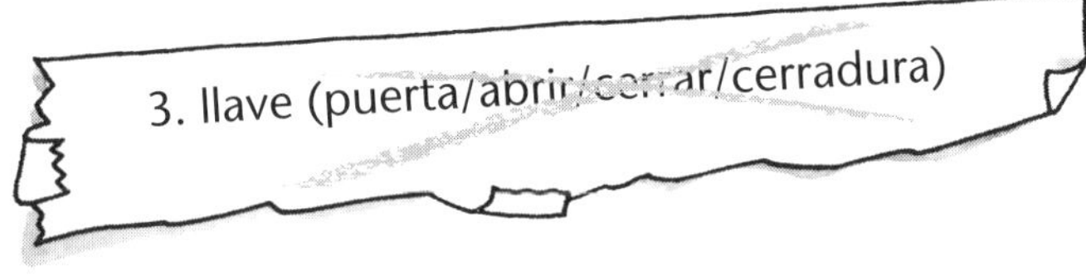

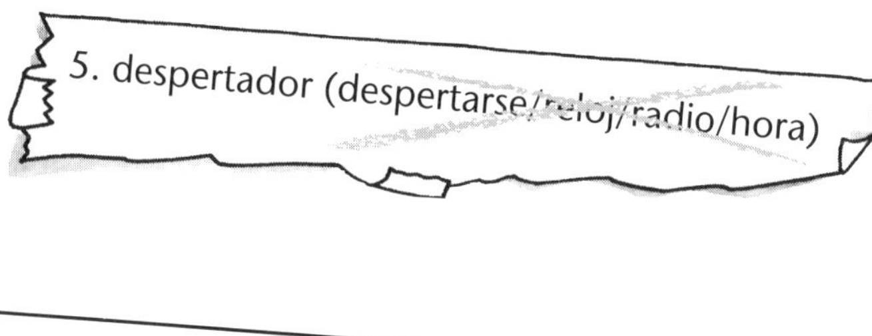

Nombre: ______________________ Fecha: ______________

Autoevaluación

En general:				
Mi participación en clase...				
Mis progresos en español...				
Mis dificultades...				

Y en particular:					
Gramática					
Vocabulario					
Pronunciación					
Lectura					
Comprensión					
Escritura					
Cultura					

Diario personal

Escribe un párrafo que refleje tus percepciones sobre esta lección, lo que aprendiste sobre la lengua española y su cultura, las dificultades, las cosas más interesantes, etc.

18 gente que cuenta

Nombre: ______________________________ Fecha: ____________________

18–1 **Classify the following words into one of two semantic fields: mystery novel or feelings and emotions.**

argumento orgullo personaje vergüenza angustia
cómplice soledad pista sospechoso dolor
secuestrar desconcierto coartada

NOVELA DE MISTERIO:

SENTIMIENTOS Y EMOCIONES:

18–2 **Write two or three things that you did or that happened to you in the time periods described, as in the example.**

1. invierno del 2000
2. hace cinco años
3. hoy hace un año
4. el último (día de) año nuevo
5. tu último cumpleaños

EJEMPLO: En agosto del año pasado yo trabajaba en La Paz y vivía con mis padres...

1. ______________________________
2. ______________________________
3. ______________________________
4. ______________________________
5. ______________________________

18–3 **Listen to the following people speaking. Where were they last night at midnight?**

	1	2	3	4	5	6
en su casa						
en un cine						
en casa de alguien						
en la calle						
en el carro						
en un restaurante						

Nombre: ______________________ Fecha: ______________

18-4 **Model Cristina Rico and inspector Palomares talked about their childhood for the magazine *600 Segundos*. Read what they said, finding all the examples of uses of imperfect, and then fill in the chart.**

Cuando era chica vivía en un pueblecito de Bolivia cerca de Cochabamba e iba al colegio todos los días en autobús porque en mi pueblo no había escuela. Los fines de semana ayudaba a mi madre en las tareas de la casa y, algunos días, iba con mis hermanos y mi padre a pescar. La vida en el pueblo no era muy divertida pero tampoco era tan mala: podíamos ir al cine una vez por semana, hacer excursiones, jugar en el campo... Yo entonces era muy bajita y bastante fea y no podía ni pensar que un día iba a ser modelo. Pero un día en La Paz, cuando tenía 16 años, al salir de una discoteca, un señor me dio su tarjeta. Lo llamé al día siguiente y desde entonces me dedico a la moda.

De niño yo vivía en el centro de La Paz. Por aquel entonces la vida en Bolivia era bastante dura; aunque mis papás trabajaban—mi mamá cosía en la casa y mi papá trabajaba en una fábrica de caramelos—no nos podíamos permitir ningún lujo. Yo estudiaba en un colegio público... Lo que mejor recuerdo son los domingos: por la tarde íbamos al cine. Cuando las películas eran de gángsters, yo soñaba que era policía. Y ahora ya ven, soy inspector de policía, lo que quería ser de niño.

IMPERFECTO DE INDICATIVO				
	verbos en -AR	verbos en -ER/-IR	SER	IR
yo				
tú				
él, ella, usted				
nosotros/as				
vosotros/as				
ellos, ellas, ustedes				

Nombre: ______________________________ Fecha: ____________________

18-5 **Construct sentences by connecting the elements in each column.**

1. Ayer no comí nada	él se puso rojo	y no pude volver a la casa.
2. Cuando Lola besó a Luis	no había taxis	y nos quedamos en casa.
3. Cuando tenía diez años	me compraron una bicicleta	que se llamaba Rex.
4. Isabel y Jacobo	hacía mucho frío	donde no había tiendas.
5. El viernes pasado	porque me encontraba	porque era la primera vez.
6. Llovía mucho,	se conocieron en un bar	muy mal del estómago.
7. Laura	vivía en una calle	que tenía cuatro ruedas.

1. ____
2. ____
3. ____
4. ____
5. ____
6. ____
7. ____

18-6 **In this text, Pedro tells how he met the love of his life. The circumstances surrounding the events are missing. First, complete the six sentences below with the imperfect form of the verbs in parentheses. Then complete the narration by filling in the numbers of the sentences you consider appropriate.**

Nos conocimos un domingo de julio, en Potosí. (_2_) Me gustó en cuanto la vi: (__) me acerqué a ella y me senté a su lado. (__) empecé a hablar con ella: "¿Cómo te llamas? ¿De dónde eres?" (__). Al final me dijo: *"I'm sorry, I don't speak Spanish."* (__) intenté comunicarme con ella mediante gestos y al cabo de un tiempito la invité a cenar. Aceptó, y fuimos a un restaurante junto al mar (__). No dijimos nada en toda la noche, pero nos enamoramos.

1. (SER, ella) ________ morena, de ojos verdes, (PARECER) ________ tímida y (ESTAR) ________ sola, así que...
2. Aquel día (HACER) ________ mucho calor, y ella (ESTAR) ________ sentada en un banco del paseo.
3. Desde nuestra mesa (OÍRSE) ________ el ruido de las olas y ella no (DEJAR) ________ de sonreír.
4. Ella me (MIRAR) ________ y (SONREÍR) ________, pero no me (DECIR) ________ nada.
5. En aquella época yo no (SABER) ________ ni una palabra de inglés pero...
6. Yo (ESTAR) ________ bastante nervioso, pero me (GUSTAR) ________ tanto que...

Nombre: ______________________________ Fecha: ____________________

18-7 Do you remember these events?

	¿Cuándo fue?	¿Qué pasó?	¿Dónde estabas?	¿Qué tiempo hacía?	¿Con quién estabas?	¿Cómo ibas vestido/a?
un día feliz	El 18 de diciembre de 1990	Nació mi hijo.	En esa época yo vivía en La Paz.	Hacía buen tiempo.	con mi esposo	Llevaba un camisón.
un día de suerte						
un día en que tomaste una decisión importante						
un día especial de tu infancia						
un día de mala suerte						
un día en que te pasó algo misterioso						
un día en que te enfadaste mucho						
la primera vez que te enamoraste						
la última vez que pasaste mucha vergüenza						
la última vez que pasaste mucho miedo						

Nombre: ______________________ Fecha: ______________

18-8 **The following is some of Marina's biographical data. Compare and contrast it with yours or with events that occurred in your country or in the world. Use *en aquella época, aquel año, aquel día...***

EJEMPLOS: Marina nació en 1970, el 1 de enero. → Yo en 1970 todavía no había nacido.
En 1980 sus padres se divorciaron. → En aquella época mis padres eran novios.

1. En 1988 ingresó en la Universidad.
2. En 1993 terminó sus estudios universitarios.
3. En 1994 se fue a vivir a Italia y trabajó tres años en Génova como profesora de literatura.
4. En el verano del 97 regresó a Bolivia.
5. En 1998 encontró un trabajo en una escuela de enseñanza secundaria.
6. En 1999 conoció a Tomás y se casaron el mismo año, el 15 de agosto.
7. En 2001 nació su hija Julia, el 21 de septiembre.
8. En 2002 se fueron a vivir a Sucre.
9. En 2004 nació su segunda hija, Teresa.
10. A los pocos meses, Marina dejó su trabajo y empezó a dedicarse a la pintura.
11. En 2005 hizo su primera exposición y tuvo mucho éxito.

18-9 **A Bolivian businessman has been murdered. In this newspaper clip some lines are missing. Can you reconstruct them? Use your imagination!**

BOLIVIA TIMES

29 de noviembre

RESUELTO EL ASESINATO DE UN CONOCIDO EMPRESARIO BOLIVIANO

La Paz / Agencias

La policía dispone ya de pruebas en el asesinato de Don Adolfo de Gil y Puértolas, empresario boliviano, cuyo cadáver apareció hace diez días en el jardín de su casa. Su ex-esposa continúa en paradero desconocido.

Según el relato policial, todo ocurrió ______________________. Don Adolfo, que la noche anterior ______________________, salió a tomar el sol en su jardín con ______________________, como de costumbre, cuando de repente ______________________. El marqués, asustado, ______________________ pero ______________________. Unos minutos después, el asesino ______________________. El cadáver quedó en el jardín hasta que a las seis de aquella tarde ______________________. El móvil del crimen también parece claro. La policía sospecha de ______________________.

Nombre: ______________________________ Fecha: ____________________

18-10 **Mark, who is studying Spanish, wrote the following letter to a Bolivian friend. But he's having some trouble with the past tenses. Can you help him choose the right ones?**

Querida Matilde:

La semana pasada Javier y yo (1) **íbamos/fuimos** de campamento a la sierra con Jon y Natalia. (2) **Andábamos/Estuvimos andando** unas dos horas hasta llegar a un refugio en las montañas. Allí nos comimos los bocadillos que aquella mañana (3) **hacíamos/habíamos hecho** en casa. Después (4) **jugábamos/estuvimos jugando** al fútbol hasta que se hizo de noche. Entonces montamos las tiendas de campaña, pero yo, como no (5) **hizo/hacía** nada de frío, decidí dormir fuera. Al día siguiente (6) **hizo/había hecho** bastante calor y nos levantamos tempranísimo, a las siete o siete y media, y volvimos al pueblo caminando. La verdad es que lo (7) **pasábamos/pasamos** muy bien. Y tú, ¿cuándo piensas venir para ir juntos de campamento? ¿Me escribirás?

18-11 **Some very surprising things happened to these people. What were they doing when these things happened? How do the scenarios end? Use your imagination!**

Estaba leyendo tranquilamente cuando alguien llamó por teléfono. Era el Presidente de la República en persona...

Nombre: ______________________ Fecha: ______________________

18-12 **The following information is not correct. Can you fix it? Use the relative pronouns *donde, quien,* and *cuando* to write sentences like the example. Use the preposition *sino* as well.**

EJEMPLO: Hernán Cortés descubrió América. (Colón)
No, no fue Hernán Cortés quien descubrió América, sino Colón.

1. Jack Ruby mató a John F. Kennedy. (Lee Harvey Oswald)

____

2. Las Olimpiadas de Barcelona se celebraron en 1990. (1992)

____

3. Abraham Lincoln murió en Argentina. (Estados Unidos)

____

4. Los Beatles empezaron su carrera en Londres. (Liverpool)

____

5. Giuseppe Verdi vivió en el siglo XVIII. (XIX)

____

6. Creo que El Greco pintó *Las Meninas*. (Velázquez)

____

7. Albert Einstein nació en los Estados Unidos. (Alemania)

____

8. Julio Verne escribió *La isla del tesoro*. (Robert Louis Stevenson)

____

Nombre: ______________________________ Fecha: ____________________

18-13 **Inspector Palomares took some notes while he was questioning three witnesses, but some words got deleted. Listen to the recording and complete his notes.**

1. El señor García Cano salió del hotel a las nueve y media porque __________ __________ con una amiga. Fueron a cenar y luego __________ un trago en un club. Ella __________ cansada. García Cano dijo que su amiga __________ hoy para Singapur.

2. La señorita Toledo __________ con Cristina en el cuarto de ésta hasta las 10: __________ y viendo un vestido. Después __________ a su cuarto y se quedó allí porque __________. Después sólo __________ a su novio, que pasó a verla.

3. El señor Rosales afirma que __________ la tele hasta las once, que después fue a ver a su novia, a dar un paseo y que __________ al hotel a las once y cuarto. Fue a pedirle las llaves del carro a Laura porque hoy __________ pero ella __________.

18-14 **These people are speaking to you, but it is noisy, and you can't hear them very well. How do you ask for clarification? The first one is done for you.**

1. *¿Con quién?* __________
2. ¿ __________ ?
3. ¿ __________ ?
4. ¿ __________ ?
5. ¿ __________ ?
6. ¿ __________ ?
7. ¿ __________ ?
8. ¿ __________ ?
9. ¿ __________ ?
10. ¿ __________ ?

Now check if the questions you wrote compare with those of the people in the recording. Repeat the questions out loud, focusing on your intonation.

Nombre: ______________________________ Fecha: ____________________

18-15 **What did you do yesterday afternoon? Write four things you did and how long you were doing them.**

1. ____
2. ____
3. ____
4. ____

Now listen to these people. Did you do some of the same things?

EJEMPLO: Yo también estuve un rato leyendo.

Listen again and decide which of the verb forms was used and check it off in the chart below. Which of the two tenses places more emphasis on the duration of action?

	1	2	3	4	5	6	7	8
pretérito								
estuve + GERUNDIO								

Nombre: ______________________________ Fecha: ____________________

18-16 **Use the verbs in the box to complete the statement of a waiter who works at Hotel Florida Park. You need to use either preterit or *estar* (in the preterit) + gerund.**

empezar	ver	venir	lavar	marcharse	llegar	hablar
		comer	volver	irse		

Pues ayer (1)________________ platos en la cocina del bar toda la mañana. A las doce (2)________________ a trabajar en la barra y a eso de las doce y media o una menos cuarto (3)________________ Cristina, que (4)________________ a tomar una café. (5)________________ una media hora con otra muchacha que parecía amiga suya y después (6)________________. Al cabo de un tiempo (7)________________ a bajar al bar. Eran las dos o dos y cuarto, y hasta las tres (8)________________ algo en la terraza: un sándwich, creo. Luego (9)________________ y ya no la (10)________________ más.

18-17 **We can narrate things in different ways, from different points of view. Rewrite the following narrations, beginning with the sentence in boldface. You will need to use the pluperfect.**

1. ORIGINAL NARRATION:
Fue un día duro. Tuve tres reuniones muy importantes y apenas pude comer. Sólo comí un sandwich, de pie en la oficina. Por la tarde hablé con Ricardo, un compañero, sobre un problema que tenemos en nuestro departamento. Fue una conversación un poco desagradable... Cuando entré en la casa me di cuenta inmediatamente. "¡Lo que faltaba!", pensé. "Me robaron."

YOUR NARRATION:
Cuando entré en la casa me di cuenta enseguida. "¡Lo que faltaba!", pensé. "Me robaron." Y es que había sido un día duro: había tenido tres reuniones y...

____

____

____

____

2. ORIGINAL NARRATION:
Ese día me levanté demasiado tarde, me vestí a toda velocidad. Salí de casa con prisas, nerviosa... Me llevé el carro más pequeño para poder estacionarlo mejor. Llegué a la estación con el tiempo justo para tomar el tren, pero entrando en el estacionamiento, pum... Fue un accidente de lo más estúpido.

YOUR NARRATION:
Fue un accidente de lo más estúpido... Ese día...

____

____

____

____

Nombre: ______________________ Fecha: ______________________

18-18 **Here are some fragments of Alberto's calendar from last week. Pay attention to the activities in boldface. Talk about what he did each day, starting with the bolded activity.**

EJEMPLO: El jueves, a la una y veinticinco, fue a comer con Javier Gila en Vips. Aquella mañana había ido a recoger a Marta al aeropuerto. Y dos horas después de comer con Javier, se encontró con Laura en unos grandes almacenes.

15 JUEVES

10.00	recoger a Marta en el aeropuerto
13.30	**comida con Javier Gila en Vips**
15.30	Laura. Grandes almacenes General

14 MIÉRCOLES

8.30	desayuno con la delegación japonesa
12.30	**reunión de trabajo con Alex**
6.00	sauna y masaje en Relax

____

13 MARTES

9.15	vuelo a París
14.00	**boda de mi prima Elena**
19.00	vuelo a La Paz

____

12 LUNES

9.00	visita a la fábrica nueva
11.20	**golf con Arturo**
16.20	recepción en la embajada rusa

____

Nombre: ______________________ Fecha: ______________

Autoevaluación

En general:	☀	☀☁	☀☁	☁
Mi participación en clase...				
Mis progresos en español...				
Mis dificultades...				

Y en particular:					
Gramática					
Vocabulario					
Pronunciación					
Lectura					
Comprensión					
Escritura					
Cultura					

Diario personal

Escribe un párrafo que refleje tus percepciones sobre esta lección, lo que aprendiste sobre la lengua española y sobre las culturas de los países hispanohablantes, las dificultades, las cosas más interesantes, etc.

19 gente de negocios

Nombre: ______________________ Fecha: ______________

19-1 **Sunday was a very busy day for Arturo. Put the sentences below into an order that tells the story of what happened to him. You can add other expressions to connect the thoughts.**

El domingo Arturo estaba tranquilamente en casa...

No cogió las llaves.
Volvió a casa de Susana.
Tampoco estaba.
Oyó el teléfono de su casa.
No había nadie.
Seguramente era Carolina.
Sonó el timbre.
Apagaron el fuego.

Era la vecina de al lado, Susana.
Estaba cocinando.
Fue a casa del portero.
Fue a su casa a ayudarla.
La casa estaba llena de humo.
Necesitaba ayuda.
La puerta estaba cerrada.

Llamó a su amiga Irene, que tiene llaves de su casa.
Volvió a su casa.
Se le había quemado el aceite de una sartén.
Tenía un pequeño incendio en la cocina.

____

____

____

____

____

...o sea que tuvo que quedarse en casa de Susana, la vecina, que le invitó a una pizza.

19-2 **Add at least six words to each of these two semantic fields. We've given you one example.**

EMPRESAS: *editorial,* ______________________________

ECONOMÍA: *banco,* ______________________________

Nombre: ________________ Fecha: ________________

19-3 **Some kids were at a birthday party yesterday. Answer the questions following the example. You can use the verbs *comerse, beberse, romper, llevarse + todo/a/os/as.***

EJEMPLO: ¿Les gustaron las pizzas? → Sí, se las comieron todas.

1. ¿Y los jugos? ________________
2. ¿Y los pasteles? ________________
3. ¿Y el chocolate? ________________
4. ¿Y la torta de manzana? ________________
5. ¿Y las galletas? ________________
6. ¿Y qué pasó con las sillas? ________________
7. ¿Y las bolsas de caramelos? ________________
8. ¿Dónde están los pájaros? ________________

19-4 **You want to give the following presents to some of your classmates. Which one will you give to each of your classmates? Write ten sentences.**

EJEMPLO: El vídeo se lo puedo regalar a Simon porque le gusta mucho Almodóvar.

1. ________________
2. ________________
3. ________________
4. ________________
5. ________________
6. ________________
7. ________________
8. ________________
9. ________________
10. ________________

Nombre: ______________________________ Fecha: ____________________

19-5 **Arturo does not want to make any decisions today, so he is letting Carolina make them all. He answers all her questions using relative pronouns like *cuando, a donde, donde, lo que, la que, el que, como, con quién...* + subjuntive.**

EJEMPLO: ¿Adónde podemos ir esta noche? ¿Al cine? Sí, a donde tú quieras.

1. ¿Y qué película podemos ir a ver? ______________________
2. ¿A qué hora te parece mejor ir? ______________________
3. ¿Y luego a qué restaurante vamos? ______________________
4. ¿Arturo, con quién quieres que vayamos a la ciudad? ______________________
5. ¿Y cómo vamos? ¿En tren o en carro? ______________________
6. ¿Qué le regalamos a Teresa para su cumpleaños? ______________________
7. ¿Qué día nos reunimos con la clase de inglés? ______________________

19-6 **In order to convince potential clients of the quality of your business, you need to give them reasons. What can you say about these businesses? Choose three features of each business and write sentences, as in the example. Use either the *tú* or the *usted* form, as appropriate.**

EJEMPLO: Nuestros técnicos irán a su casa cuando usted tenga un problema.

UNA GUARDERÍA INFANTIL
- sus hijos (estar) con profesores especialistas en educación preescolar
- (tener) actividades artísticas y musicales
- (aprender) un idioma extranjero
- (poder) permanecer en el centro de 8h a 20h y (tener) servicio de comedor con menús especialmente pensados para los más pequeños
- sus hijos (acostumbrarse) a convivir con otros niños y (adquirir) autonomía

____
____
____

UNA TIENDA DE INFORMÁTICA
- nuestros técnicos (ir) a su casa cuando (tener) un problema
- (regalar) las nuevas versiones de sus programas cuando (aparecer)
- le (informar) de todas las novedades
- le (ofrecer) siempre los precios especiales de cliente
- (reparar) su ordenador gratuitamente los primeros dos años

____
____
____

UN GIMNASIO
- un médico especializado (controlar) todos los ejercicios que (hacer)
- cada mes (tener) derecho a dos masajes gratuitos
- (disponer) siempre del asesoramiento de entrenadores especializados
- (poder) participar en las clases de culturismo, mantenimiento, ejercicios para la tercera edad, infantil, tai chi...

____
____
____

Nombre: ______________________________ Fecha: ____________________

19-7 **Bautista, the receptionist of Hotel Gentón, is always ready to help. He always answers his clients' requests with "*Ahora mismo,*" as in the example. Answer all the questions, paying attention to where you place the pronouns.**

EJEMPLO: ¿Puede pedirme un taxi?

Ahora mismo se lo pido.

1. ¿Puede llevar esta americana al servicio de tintorería?
   ____
2. ¿Podría enviarme estas tarjetas postales por correo?
   ____
3. ¿Puede hacerme una fotocopia de mi cuenta?
   ____
4. ¿Podría subirme una botella de champán a la habitación?
   ____
5. ¿Podría reservarme una mesa para esta noche en el restaurante "Los Pinos"?
   ____
6. ¿Me puede guardar esta bolsa en el guardarropa?
   ____
7. ¿Puede darle estos documentos al Sr. Puente, de la habitación 201?
   ____

19-8 **Complete the ads that follow with the missing third person pronouns.**

SI SU COMPUTADORA HACE TIEMPO QUE SÓLO (1)_____ DA PROBLEMAS, NO (2)_____ PIENSE MÁS: COMPRE UN PORTÁTIL INFORM. LAS COMPUTADORAS INFORM (3)_____ FABRICAMOS PARA DAR SOLUCIONES A SUS PROBLEMAS.

NUEVO LAVAPLUS (4)_____ DEJA LA ROPA MÁS BLANCA. SU ROPA (5)_____ _____ AGRADECERÁ.

¡YA ESTÁ AQUÍ LA MUÑECA QUE TODOS LOS NIÑOS ESPERABAN: CARMELA! TODA SU ROPITA (6)_____ PODRÁS GUARDAR EN SU ARMARIO Y SUS COMIDAS (7)_____ PODRÁS HACER EN SU COCINA. PÍDE (8)_____ _____ A SANTA CLAUS ESTA NAVIDAD.

¿QUIÉN HA DICHO QUE LAS NAVIDADES HAY QUE PASAR (9)_____ EN EL FRÍO? ¿QUIÉN HA DICHO QUE A LOS REYES MAGOS HAY QUE ESPERAR (10)_____ EN CASA? ESTAS NAVIDADES VENGA A PANAMÁ.

Nombre: ______________________ Fecha: ______________________

Listen to these people speaking: they either have a problem or need certain things. Which of the following businesses will they call?

	PROBLEMA	¿A qué empresa llamará?
1.		
2.		
3.		
4.		
5.		
6.		

CAMELIA
Flores y plantas.
Entrega a domicilio.
Tel. 94 456 98 36

REPARACIONES MIL RECAMBIOS DE TODAS LAS MARCAS
Philips - Sanyo - Sony - Miele - Bosch - SIEMENS - NEFF
Tel. 609 33 44 55

TECNOMÓVIL
Concesionario oficial FORD.
Viriato, 12
TEL. 45 456 46 57

PEPE GOTERA INSTALACIONES ELÉCTRICAS Y FONTANERÍA
Calefacción y gas.
Servicio de urgencias.
Tel. 689 893 308

FAST PIZZA
Pastas, pizzas y helados.

SERVICIO A DOMICILIO. ELABORACIÓN PROPIA.
Tel. 989 26 37 74

AMBULANCIAS ESTEBAN
Servicio permanente las 24h.
Tel. 609 67 23 43

TRANSPORTES, MUDANZAS Y GUARDAMUEBLES DON PÍO
Nacional e internacional.
Tel. 953 34 55 67

MEGALIMPIO MANTENIMIENTO Y LIMPIEZAS INTEGRALES
Industriales y domésticas.
Empresas, comunidades de vecinos, hostelería.
Tel. 900 44 56 78

ASCENSORES LA TORRE
Mantenimiento y reparaciones.
Tel. 902 323 233

Nombre: ______________________ Fecha: ______________

19-10 **Do people do the following things in your country? Answer in complete sentences using *todo el mundo, la mayoría de personas, la mayor parte de los estadounidenses/brasileños/italianos..., mucha gente, muchos jóvenes, casi nadie, nadie...***

EJEMPLO: comer en el trabajo al mediodía
Mucha gente come en el trabajo al mediodía, en la cafetería de la empresa.

1. estudiar por la tarde en una escuela de adultos
____
2. hablar varios idiomas
____
3. esquiar
____
4. ir a la iglesia todos los días
____
5. comer comida rápida
____
6. tener una computadora en la casa
____
7. ir al trabajo en bicicleta
____
8. reciclar el papel
____
9. ir a México de vacaciones
____
10. tener una casa grande
____
11. trabajar en la casa
____
12. tomar cerveza
____
13. tener más de tres hijos
____

Nombre: ______________________________ Fecha: ____________________

19-11 **Think about four businesses that you frequented in the past. Tell us why you used their services.**

EJEMPLO: Yo iba mucho a un restaurante griego que se llamaba "Mikonos". Se comía muy bien y barato.

19-12 **Andrés, the messenger of Gente a Punto, is talking with Ana, the manager. Which orders are they talking about? Pay attention to the direct object pronouns they are using (*lo, la, los, las*).**

1. a) unos medicamentos
   b) unas cervezas

2. a) unos pasteles
   b) una planta

3. a) unos libros
   b) unas bombillas

4. a) unos bocadillos
   b) unas pizzas

5. a) un pollo
   b) unas hamburguesas

Nombre: ______________________________ Fecha: ____________________

19-13 You will hear three radio commercials for Gente a punto. But first, can you reconstruct them putting the following pieces of information in the correct order?

LOS DESAYUNOS DE GENTE A PUNTO: _____ _____ _____

GENTE A PUNTO CUIDA DE SU PERRO: _____ _____ _____

EL JARDÍN DE GENTE A PUNTO: _____ _____ _____

A
Si usted no puede, Gente a Punto lo ayuda a cuidar de su perro. Cada mañana o tarde, nuestros chicos

B
una llamada telefónica al 96 542 24 15. Gente a Punto le pone las cosas fáciles.

C
un ramo de flores, una planta o un centro de flor seca las 24 horas del día.

D
sus bizcochos preferidos, la leche y el café, con sólo

E
pueden venir a buscarlo y pasearlo por diferentes zonas;

F
Pueden pasar por su exposición en la calle Sta. María o bien llamar a Gente a Punto al teléfono 96 542 24 15. Gente a Punto le pone las cosas fáciles.

G
Una nueva florería se ha unido a Gente a Punto. Rosa María Segura quiere ofrecerles la posibilidad de pedir

H
incluso cuidar de él si se van de fin de semana o de vacaciones. Gente a Punto le pone las cosas fáciles.

I
Cada mañana puede recibir en su domicilio el periódico, el pan,

Now, listen to the commercials and check to see if your answers were correct.

Nombre: ______________________________ Fecha: ____________________

19-14 **Imagine that you can create your own political party. Invent a name and a logo for it. Then write a paragraph in which you make promises about all these different issues. Don't forget to use the future tense.**

EL DESEMPLEO

LA EDUCACIÓN

LA SALUD

LA DELINCUENCIA

PARTIDO	LOGO
....	

Si ganamos las elecciones...

Cuando estemos en el gobierno...

Con su apoyo...

Dentro de unos años...

Frase final y eslogan:

....

EL MEDIO AMBIENTE

LA SITUACIÓN DE LA MUJER

LOS IMPUESTOS

19-15 **Complete the blank spaces in this text with different impersonal forms (*tú* = A, *uno* = B, *se* = C). Pay attention to the verb conjugations.**

Bienvenido a Panamá. Todo un país que sólo espera ser descubierto. Tanto si (*either*) (1)**B** ____________________ **(estar)** de compras en la ciudad como (*or*) explorando una playa desierta, en Panamá (2)**A** ____________________ **(poder ver y hacer)** muchísimas cosas. En Panamá (3)**C** ____________________ **(usar)** el dólar de Estados Unidos como moneda primaria. También (4)**B** ____________________**(poder)** tomar taxis por todas partes de la Ciudad y a precios razonables. Llegar de A a B nunca ha sido más divertido. (5)**A** ____________________ **(poder elegir)** entre arrendadoras de automóvil, arrendadoras de barcos, giras en ómnibus, taxis....o simplemente (6)**C** ____________________ **(poder pedir)** un aventón (*lift*) hasta cualquier destino. En Panamá (7)**B** ____________________ **(poder alojarse)** en docenas de lugares, desde lujosos hoteles de cinco estrellas hasta encantadores centros de turismo ecológico.

Nombre: ______________________ Fecha: ______________

Autoevaluación

En general:	☀	⛅	⛅	☁
Mi participación en clase...				
Mis progresos en español...				
Mis dificultades...				

Y en particular:					
Gramática					
Vocabulario					
Pronunciación					
Lectura					
Comprensión					
Escritura					
Cultura					

Diario personal

Escribe un párrafo que refleje tus percepciones sobre esta lección, lo que aprendiste sobre la lengua española y sobre las culturas de los países hispanohablantes, las dificultades, las cosas más interesantes, etc.

20 gente que opina

Nombre: ______________________ Fecha: ______________

20–1 **You are going to hear eight opinions about some of the topics on page 427 of the textbook. Write your own reaction to what you hear. Use the expressions of opinion given below.**

1. ______________________
2. ______________________
3. ______________________
4. ______________________
5. ______________________
6. ______________________
7. ______________________
8. ______________________

Sin duda.

Sí, claro.

Desde luego.

Sí, yo también lo creo.

Sí, es probable.

Sí, puede ser.

No, no puede ser.

No, no, en absoluto.

No estoy (muy) seguro/a de eso.

(Yo) no lo creo.

No, para nada.

No, de ninguna manera.

20–2 **Read the texts on page 428 of the textbook. Then complete the following sentences.**

Los CDs desaparecerán cuando ______________________

No será necesario conocer el alfabeto cuando ______________________

No necesitaremos documentos de identidad cuando ______________________

Complete these other sentences by expressing your own opinions.

Dejaremos de utilizar computadoras cuando ______________________

Desaparecerán las tarjetas de crédito cuando el hombre nos robe.

Nadie hará cola para comprar boletos para el cine cuando ______________________

Las vacaciones serán de tres meses para todo el mundo cuando ______________________

Yo creo que seremos más felices cuando ______________________

Nombre: ______________________ Fecha: ______________

20-3 **The following are different reactions to other people's opinions. Place them under the corresponding headings in the chart below, as in the example.**

Yo no lo creo. De ninguna manera. Desde luego.

Sí, puede ser, pero... No, en absoluto. Sí, claro. No estoy muy seguro/a de eso.

No, qué va.

MOSTRAR ACUERDO	MOSTRAR DUDA O ESCEPTICISMO	MOSTRAR RECHAZO
Sin duda.		

20-4 **Imagine that the following things are going to happen to you, according to a horoscope in a magazine. Which of them are possible, and which ones are impossible, in your opinion? Justify your answers.**

EJEMPLO: *No creo que me aumenten el sueldo; ya me lo aumentaron el mes pasado. No puede ser que me visite mi hija porque no tengo hijos.*

ESTE MES...

TRABAJO

◆ Tendrá problemas en el trabajo con una de sus jefas. Su carácter impulsivo le hará hablar demasiado. Pero, sin embargo, le aumentarán el sueldo y le mandarán a una delegación de su empresa en otra ciudad. Además, tendrá que hacer un largo viaje de trabajo a un país de habla española.

SALUD

◆ Fumará demasiado y comerá muchas golosinas porque estará muy nervioso. Sin embargo, como siempre, dormirá bien.
◆ Seguirá teniendo dolor de espalda y dolor de cabeza.
◆ Dejará de tener problemas digestivos.

FAMILIA Y RELACIONES

◆ Se enfadará con su suegra.
◆ Alguien le devolverá un dinero que le debe.
◆ Reencontrará a su mejor amiga de la infancia.
◆ Su hija le visitará.
◆ Tendrá que visitar, por un asunto de familia, a un cuñado que vive en el extranjero.

Nombre: ______________________ Fecha: ______________

20–5 **You have been elected mayor. What reforms are you going to undertake? Choose eight from this list, and complete your speech to your constituents.**

- plantar más árboles
- bajar los precios del transporte
- construir más hospitales
- animar la vida cultural de la ciudad
- ofrecer más actividades para los jóvenes
- prohibir el tráfico en algunas calles
- crear un canal de televisión de la ciudad
- apoyar el uso de energías alternativas
- mejorar el sistema de reciclaje de basuras
- crear más carriles para las bicicletas
- construir viviendas baratas para jóvenes y desempleados

Queridos ciudadanos:

Quiero, antes que nada, darles las gracias por haberme elegido para ser su alcalde.
Hoy empieza una nueva época en nuestra ciudad. Durante estos próximos cuatro años...

____

____

____

____

____

____

____

Nombre: ______________________ Fecha: ______________

20-6 **Here are a list of things Manuela Vega used to do 20 years ago and the things she does now. What is she still doing? What doesn't she do anymore?**

EJEMPLO: Sigue jugando al tenis, pero dejó de montar a caballo. Ya no monta a caballo.

HACE VEINTE AÑOS
- Hacía mucho deporte: jugaba al tenis, montaba a caballo...
- Estudiaba inglés, japonés y ruso.
- Llevaba faldas cortas y ropa negra.
- Salía con Arturo.
- Vivía en Caracas.
ACTUALMENTE
- Juega al tenis.
- Estudia japonés.
- Lleva ropa clásica negra y faldas largas.
- Sale con Genaro.
- Vive en Bogotá.

1. ______________________________

2. ______________________________

3. ______________________________

4. ______________________________

Nombre: ______________________________ Fecha: ____________________

20-7 **Read this text about the city of Guatemala. Can you fill in the missing connectors?**

además	no obstante	también
incluso	en cuanto a	sin embargo

La Antigua Guatemala

Es una ciudad que mezcla lo antiguo con lo moderno y que, (1) __________, ha sido declarada Patrimonio Mundial por la Organización de Naciones Unidas. En este lugar se conservan casi quinientos años de historia del país y de Mesoamérica. (2)__________ en esta ciudad florecieron las artes y la educación, y aquí se fundó la Real y Pontificia Universidad de San Carlos de Guatemala, siendo la tercera de América después de las universidades de México y Lima. Esta ciudad tuvo (3)__________ el primer periódico mensual de Centroamérica: la Gaceta de Guatemala. (4)__________ la actualidad, hoy esta ciudad continúa deslumbrando a todos con su belleza arquitectónica, ofreciendo entretenimiento para todos los gustos. Es una ciudad muy antigua; (5)__________, junto a los monumentos y el arte, se encuentran modernos restaurantes y hoteles, y una gran variedad de discotecas y bares con un ambiente cosmopolita. (6)__________ si no le gusta el ambiente nocturno, usted puede visitar y admirar las maravillas arquitectónicas de la ciudad antigua.

20-8 **Finish the following sentences.**

En el año 2035 los robots harán la mayor parte de todos los trabajos, pero de todas formas ______________________________

Las energías alternativas proporcionarán más del 50% de la electricidad que consumiremos. No obstante ______________________________

Las centrales de energía nuclear no serán necesarias. Además, ____________________

En el salón de nuestra casa podremos ver películas de cine en tres dimensiones. Además ______________________________

A mediados de siglo ya no habrá enfermedades contagiosas. Sin embargo ____________________

Nos conectaremos con el supermercado por medio de una red informática. Sin embargo ______________________________

No necesitaremos llevar paraguas: habrá un mecanismo que regulará la lluvia. Sólo lloverá cuando el programa lo decida, incluso ____________________

Nombre: ______________________ Fecha: ______________

20-9 **How do you see your future? Do you think that any of these things will happen to you? Use the expressions of possibility (A) and time (B) to adapt the sentences to your own life.**

EJEMPLO: Es probable que en un par de años me canse de estudiar español.

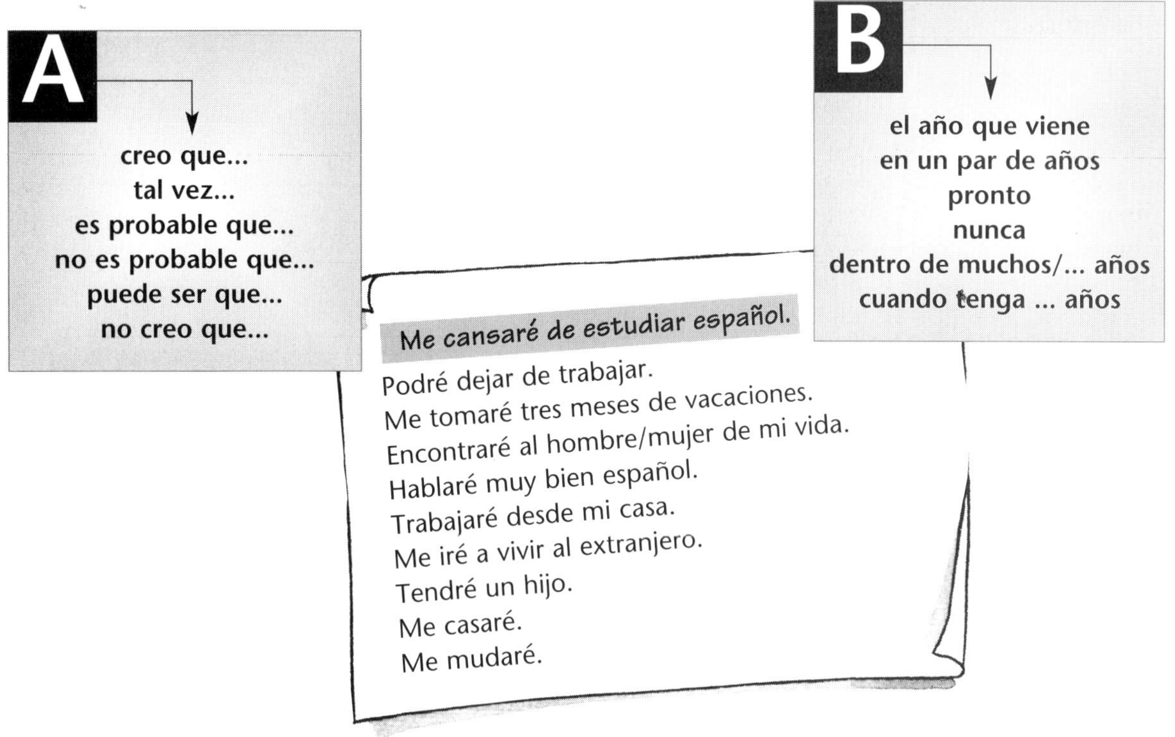

A
creo que...
tal vez...
es probable que...
no es probable que...
puede ser que...
no creo que...
B
el año que viene
en un par de años
pronto
nunca
dentro de muchos/... años
cuando tenga ... años
Me cansaré de estudiar español.
Podré dejar de trabajar.
Me tomaré tres meses de vacaciones.
Encontraré al hombre/mujer de mi vida.
Hablaré muy bien español.
Trabajaré desde mi casa.
Me iré a vivir al extranjero.
Tendré un hijo.
Me casaré.
Me mudaré.

1. ______________________________
2. ______________________________
3. ______________________________
4. ______________________________
5. ______________________________
6. ______________________________
7. ______________________________
8. ______________________________
9. ______________________________

Nombre: ______________________ Fecha: ______________

What will you do when these things happen? Write another nine sentences like the example.

EJEMPLO: Cuando me canse de estudiar español, empezaré a estudiar portugués.

1. ______________________
2. ______________________
3. ______________________
4. ______________________
5. ______________________
6. ______________________
7. ______________________
8. ______________________
9. ______________________

20-10 Complete these sentences using the following verbs.

mejorar desaparecer cambiar sustituirse por/sustituir a...

continuar siendo/existiendo/creando.... provocar afectar a...

EJEMPLO: Las energías limpias sustituirán a las tradicionales.

1. La desigualdad entre hombres y mujeres ______________________
2. Los nacionalismos ______________________
3. La democracia ______________________
4. El hambre ______________________
5. La familia tradicional ______________________
6. El consumo de gasolina ______________________
7. El número de vegetarianos ______________________
8. El tratamiento del cáncer ______________________
9. Las dictaduras ______________________
10. Las relaciones entre las diferentes culturas ______________________
11. El control de natalidad (*birth*) ______________________
12. La deforestación ______________________
13. Las alergias ______________________
14. Los trasplantes de órganos ______________________
15. Las epidemias ______________________

Nombre: ______________________ Fecha: ______________

20-11 **Here are some of the most common problems that countries experience today. Express your opinions by completing the following sentences.**

la delincuencia | la violencia juvenil | la corrupción de los políticos | la falta de libertades | la desigualdad entre hombres y mujeres | la burocracia | la emigración

1. Es terrible que ______________________
2. Es increíble que ______________________
3. Es bueno que ______________________
4. Es malo que ______________________
5. Es estupendo que ______________________
6. Es importante que ______________________
7. Quizá ______________________

20-12 **What do you think will happen within the next ten years?**

LA CONTAMINACIÓN
Estoy seguro/a de que ______________________

LA BUROCRACIA
(Yo) no creo que ______________________

EL RACISMO
Dudo que ______________________

LA VIOLENCIA EN LAS ESCUELAS
No estoy seguro/a de que ______________________

LA CONQUISTA DEL UNIVERSO
(No) es probable que ______________________

Nombre: ______________________ Fecha: ______________

20-13 **According to many scientists, these are some of the greatest dangers that our planet is facing.**

A	CALENTAMIENTO DEL GLOBO
B	DISMINUCIÓN DE LOS RECURSOS NATURALES
C	CONTAMINACIÓN MARINA
D	CONTAMINACIÓN ATMOSFÉRICA Y AGUJERO EN LA CAPA DE OZONO
E	CRECIMIENTO DEMOGRÁFICO
F	DEFORESTACIÓN

Match each of the following sentences to the issues above. Some can have more than one possible answer.

_____ 1. El azufre y el nitrógeno despedidos por la industria y los motores se mezclan con el vapor de agua, el oxígeno y los rayos solares.

_____ 2. La actividad humana y, en particular, el consumo de combustibles fósiles, está causando un aumento de la temperatura de la Tierra, lo que origina numerosos problemas.

_____ 3. Las naciones industrializadas utilizan una proporción mucho más grande de recursos que los países en vías de desarrollo.

_____ 4. En muchas grandes ciudades la contaminación originada por los coches y las industrias provoca graves problemas de salud a sus habitantes.

_____ 5. La cantidad de residuos que el hombre arroja al mar ha aumentado radicalmente durante el último siglo.

_____ 6. Aproximadamente 50 oleadas de algas tóxicas llegan a las aguas de Japón anualmente.

_____ 7. Nueva Delhi, Beijing, Teherán y otras muchas ciudades están durante más de 150 días al año por encima de las recomendaciones de la OMS respecto a la cantidad de partículas nocivas en el aire.

_____ 8. La mayoría de científicos creen que la temperatura media del mundo aumentará un grado hacia el año 2030 y cuatro a finales del siglo XXI.

_____ 9. El crecimiento demográfico pone en peligro los recursos naturales de la Tierra.

_____ 10. Más de un millón de árboles se utilizan cada año para proporcionar los periódicos del domingo a los ciudadanos estadounidenses.

_____ 11. Las algas tóxicas son uno de los efectos más graves de la contaminación. Fertilizantes y desperdicios industriales han provocado un espectacular crecimiento de estas algas.

_____ 12. La emisión a la atmósfera de ciertos productos químicos destruye la capa de ozono.

_____ 13. Los bosques se talan para obtener madera y crear tierras de cultivo.

_____ 14. Al desaparecer selvas y bosques, se reduce la biodiversidad y se erosiona el suelo.

20-14 **First you will hear three dialogues. Notice how the second speaker is showing skepticism or disagreement with what the first speaker has said.**

Now listen to seven different statements, and try to do the same (show your skepticism or disagreement).

1. ______________________________
2. ______________________________
3. ______________________________
4. ______________________________
5. ______________________________
6. ______________________________
7. ______________________________

Nombre: ______________________ Fecha: ______________________

20-15 **A fortune teller predicts that Pancho will become one of the following people. Listen, take notes, and decide which one. Justify your selection.**

Yo creo que se convertirá en ______________________ porque la vidente le dice que

1. ______________________,
2. ______________________ y
3. ______________________.

Nombre: ______________________ Fecha: ______________

Autoevaluación

En general:	☼	☼☁	☼☁	☁
Mi participación en clase...				
Mis progresos en español...				
Mis dificultades...				

Y en particular:					
Gramática					
Vocabulario					
Pronunciación					
Lectura					
Comprensión					
Escritura					
Cultura					

Diario personal

Escribe un párrafo que refleje tus percepciones sobre esta lección, lo que aprendiste sobre la lengua española y sobre las culturas de los países hispanohablantes, las dificultades, las cosas más interesantes, etc.

21 gente con sentimientos

Nombre: ______________________________ Fecha: ____________________

21-1 **Tom is studying Spanish in Ecuador during the summer. He just wrote an email to his friend from Spain to tell him how everything is going. Complete the email with the missing verbs in their correct conjugated forms.**

discutir	dar	caer	hacer	llevar	soportar	entender

Hola Juanjo:

¿Cómo te va? Aquí estoy en Ecuador. En la universidad estoy bastante bien y tengo ya algunos amigos. Me (1) lleva *muy bien con Juan y con Enrique, dos muchachos muy simpáticos de Quito. Pero hay otros dos a los que no (2)* me soportan*. Hay uno, que se llama Raúl, que siempre está (3)* discutiendo *conmigo por todo. Y otro, Abel, que me (4)* hace *muy mal. Los profesores no están mal, me (5)* entiendo *bastante bien con ellos; aunque el de historia siempre me hace salir a la pizarra. A mí me (6)* da *mucha vergüenza y entonces las cosas no me salen bien; y Maíta, la profesora que tenemos por la tarde, nunca me (7)* cae *caso cuando intento hablar con ella. Pero por lo demás estoy bien. Escríbeme pronto.*

Un abrazo muy grande de tu amigo,

Tom

21-2 **Look at this family picture: it is Alba's wedding day. Complete the text by imagining what the relationships are like among the family members.**

1. Alba se casa con ________ pero en realidad está enamorada de ________.
2. ________ no soporta a ________ porque ________________________________.
3. ________ está casado/a con ________, pero se siente en realidad muy solo/a desde que ________________________________.
4. ________ es muy celoso/a porque tiene miedo de ________________________.
5. El novio discute mucho con ________, especialmente cuando ________________.
6. Los padres de Alba querían casar a su hija con ________ pero él ________________.
7. ________ se lleva muy mal con ________ pero muy bien con ____________ porque ________________.

Nombre: ______________________ Fecha: ______________

21-3 **Write one list with all the words that go with the verb *estar* and another one with the words that go with *tener.***

miedo	nervioso/a
sueño	vergüenza
deprimido/a	sed
tranquilo/a	triste
de mal humor	contento/a
preocupado/a	harto/a
celoso/a	hambre
celos	

celosa

TENER

hambre
miedo
sueño
vergüenza
celos
sed

21-4 **Do you know people who have these characteristics?**

EJEMPLO: Se lleva muy bien con sus hijos. ⟶ Una prima mía se lleva muy bien con sus hijos.
Es una persona totalmente imprevisible. ⟶ No conozco a nadie que sea totalmente imprevisible.

1. Con la edad se ha vuelto más estricto/a.
   Con la edad, mi mamá se ha vuelto más estricta.
2. No sabe aceptar la forma de ser de los demás.
   No conozco a nadie que no supa
3. Respeta siempre los puntos de vista de todo el mundo.
   ____
4. Dice siempre la verdad.
   ____
5. Se enfada mucho, pero se le pasa enseguida.
   ____
6. No sabe decir que no.
   ____
7. Está siempre de muy buen humor.
   ____
8. Es muy celoso/a.
   ____
9. Tiene problemas con su novio.
   ____
10. Son polos opuestos, pero se llevan muy bien.
    ____
11. Siempre están peleándose.
    ____

Nombre: ______________________________ Fecha: ____________________

21-5 **Listen to the following conversations. For each of the pieces of information below, indicate which conversation you heard it in.**

CONVERSACIÓN NÚMERO	1	2	3	4
Ella está embarazada.				
Se casaron hace seis meses.				
Son muy amigos.				
Tienen un problema con la ex-novia de él.				
Él está deprimido porque no encuentra trabajo.				
Ella lo pasa muy mal porque se interpone entre los dos.				
Ella se ha enamorado de un amigo.				
Se llevaban bien, pero ahora discuten mucho.				
El padre y el hijo se llevan pésimo.				
Hace tiempo que tienen problemas.				
Está muy rebelde.				
Viven los tres juntos.				

Now listen one more time and write the name of all the characters in the boxes below.

Nombre: ______________________ Fecha: ______________

21-6 **With which of the characters in 21–5 would you associate the following qualities?**

1. generoso/a ______________________
2. egoísta ______________________
3. comprensivo/a ______________________
4. irresponsable ______________________
5. idealista ______________________
6. sincero/a ______________________
7. responsable ______________________
8. intolerante ______________________
9. anticuado/a ______________________
10. moderno/a ______________________

21-7 ***¿Poco*** **or** ***un poco*****? Write the correct form.**

1. María es ______________ indecisa.
2. Laura es ______________ falsa.
3. Alberto es ______________ abierto.
4. Carlos es ______________ simpático.

Now write sentences about famous people using the following adjectives. Use ***poco*** **or** ***un poco.***

antipático/a	raro/a	generoso/a	sociable
flexible	autoritario/a	loco/a	tímido/a

1. ______________________
2. ______________________
3. ______________________
4. ______________________
5. ______________________
6. ______________________
7. ______________________
8. ______________________

Nombre: ______________________ Fecha: ______________

21-8 **Imagine that you are living with a very disorganized and untidy person. After a few months, what could you write about the experience? Complete the sentences using the indicative or the subjunctive.**

1. Me da lástima que ______________________
2. Me pongo muy contento/a cuando ______________________
3. Me enfado cada vez que ______________________
4. Lo paso muy mal cuando ______________________
5. Me da un poco de rabia que ______________________
6. Me pongo bastante nervioso/a si ______________________
7. No me gusta que ______________________

21-9 **You will hear several people talking about how they feel when they fly. The last part of what they say is missing. Can you choose the right ending for each of them?**

1. a) cuando los aviones se retrasan y tengo que esperar.
   b) que se retrasen los aviones y tener que esperar.
2. a) hacer mal tiempo y moverse mucho el avión.
   b) si hace mal tiempo y el avión se mueve mucho.
3. a) los boletos de avión ser tan caros.
   b) que los boletos de avión sean tan caros.
4. a) estar tan lejos del suelo y no saber qué hacer en caso de emergencia.
   b) que esté tan lejos del suelo y no sepa qué hacer en caso de emergencia.
5. a) si viajo mucho y me puede pasar algo.
   b) que yo viaje tanto y me pueda pasar algo.

Nombre: ______________________________ Fecha: ____________________

21-10 **These sentences all refer to people who have changed. Complete each one with the words you consider appropriate. Pay attention to the verbs.**

EJEMPLO: Salvador antes era muy sociable y tenía muchos amigos, pero ahora, desde que ha cambiado de trabajo, se ha vuelto muy antipático.

1. Cristina estaba tristísima porque su novio no iba a visitarla, pero ahora que la llamó para decirle que llega el viernes, se ha puesto ______________.
2. Bill no tenía trabajo ni dinero, pero en los años 80 se hizo ______________ vendiendo computadoras y ahora, con tanto dinero, vive muy bien.
3. Christian era un chico muy formal, estudiaba mucho y tenía buenas calificaciones en la escuela. Cuando entró en la universidad se volvió mucho más ______________.
4. ¡Cómo ha cambiado Clara! Hace unos meses todavía jugaba con muñecas y, fíjate, ahora trabaja en un bar y sale con chicos: se ha hecho ______________.
5. Carlos estaba anoche muy tranquilo en su casa, pero cuando lo llamé para decirle que el examen es la próxima semana se puso ______________.
6. Los niños se han puesto muy ______________ cuando han sabido que vamos a esquiar este fin de semana.
7. Ayer no le dolía nada pero hoy se puso ______________ y se quedó en la cama.

21-11 **Match the following adjectives with these verbs to form the correct expressions.**

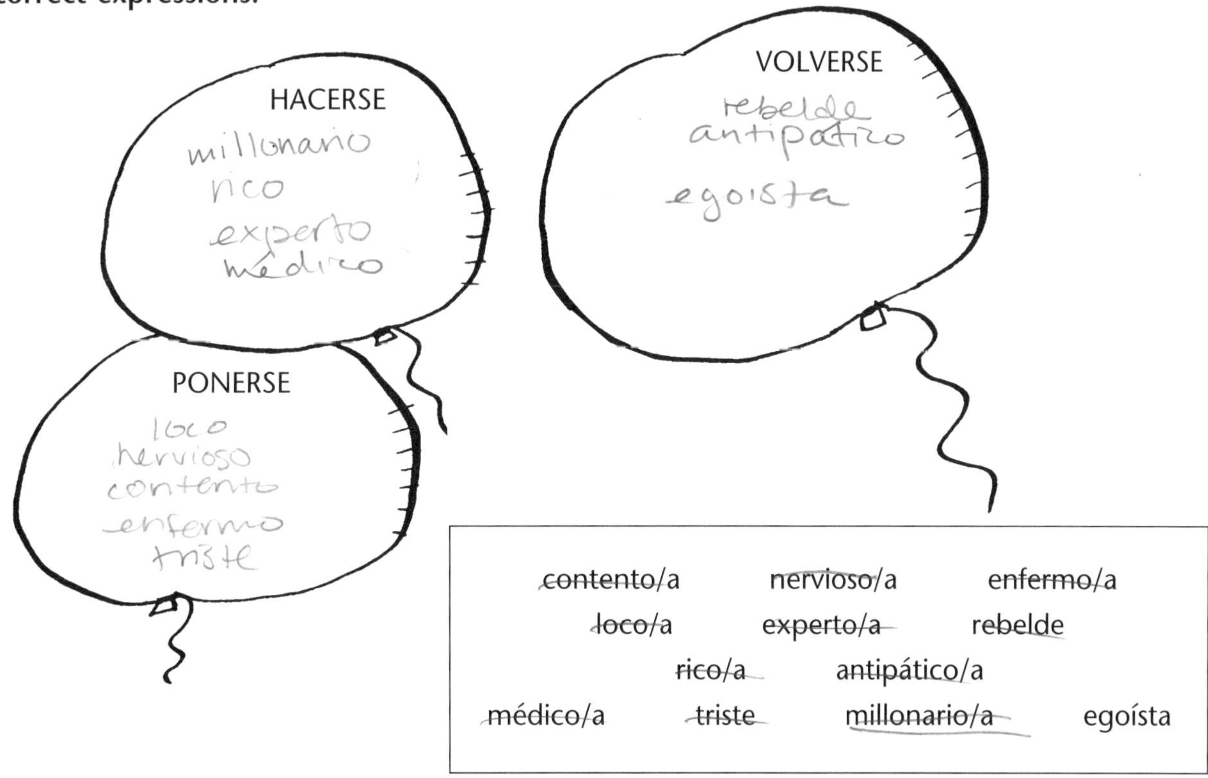

contento/a nervioso/a enfermo/a
loco/a experto/a rebelde
rico/a antipático/a
médico/a triste millonario/a egoísta

Nombre: ______________________ Fecha: ______________

21-12 **And how about you? Do you remember the last time you felt this way?**

ponerse muy nervioso/a   ponerse muy contento/a   volverse loco/a

enfadarse mucho con alguien   pasar mucha vergüenza

EJEMPLO: *Yo, hace poco, me puse nerviosísima porque fui a buscar mi carro y había desaparecido. Al final resultó que estaba estacionado en otra calle.*

1. ______________________
2. ______________________
3. ______________________
4. ______________________
5. ______________________

21-13 **Read the advice that these people received. Imagine what kind of problem prompted this advice. Then write it in the space provided.**

1. • ______________________
   ○ Lo que tienes que hacer es comprarte otra, ésta me parece que ya no sirve para nada.
2. • ______________________
   ○ Creo que lo mejor es que pases unos días en el campo, así podrás olvidarte de todo.
3. • ______________________
   ○ Yo te recomiendo que no vayas, pero tú haz lo que quieras.
4. • ______________________
   ○ Deberías quedarte en casa y no ir a trabajar.
5. • ______________________
   ○ Podrías comprarlo mañana, y así no perdemos tiempo.
6. • ______________________
   ○ Yo no te aconsejo que lo hagas; aunque si quieres, hazlo. Pero si después tienes problemas, no cuentes conmigo.

Nombre: ______________________ Fecha: ______________

21-14 **Take a closer look at the different constructions the people in 21–13 used to give advice and then complete the following charts.**

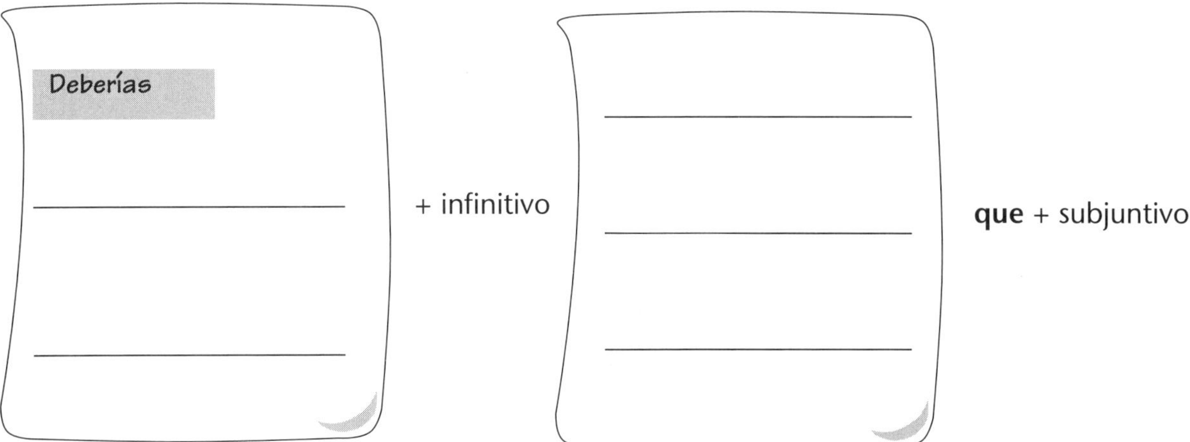

Nombre: ______________________ Fecha: ______________

Autoevaluación

En general:				
Mi participación en clase...				
Mis progresos en español...				
Mis dificultades...				

Y en particular:					
Gramática					
Vocabulario					
Pronunciación					
Lectura					
Comprensión					
Escritura					
Cultura					

Diario personal

Escribe un párrafo que refleje tus percepciones sobre esta lección, lo que aprendiste sobre la lengua española y sobre las culturas de los países hispanohablantes, las dificultades, las cosas más interesantes, etc.

22 gente y mensajes

Nombre: ______________________ Fecha: ______________

22-1 **Reread the messages that Alberto received on page 464 of your textbook. Then write a summary of the content of each of them. Use verbs like *invitar a, proponer, felicitar, avisar de, recordar, pedir,* etc.**

ESCRIBE	ES/SON	PARA
1. Sebastián	una empleada de COMPUGEN	recordarle algo
2. T. Anasagasti	un/a compañero/a de clase	invitarlo a algo
3. Pedro	dos amigos	preguntarle algo
4. Virginia y Alfredo	director de un instituto de español	contarle algo
5. Maite Gonzalvo	su novia	sugerirle algo
6. Sofía	un agente de seguros	explicarle algo
7. tú	un socio	pedirle algo
8. B. Valerio	un/a amigo/a	proponerle algo

1. ______________________
2. ______________________
3. ______________________
4. ______________________
5. ______________________
6. ______________________
7. ______________________
8. ______________________

22-2 **Now imagine that Alberto is your friend. Write him four more messages to tell him the following:**

1. Recordarle que mañana tiene una cita contigo para estudiar.
2. Avisarle de que le has enviado un paquete.
3. Pedirle que te recoja del aeropuerto el martes próximo.
4. Proponerle que vaya contigo a jugar al tenis el fin de semana.

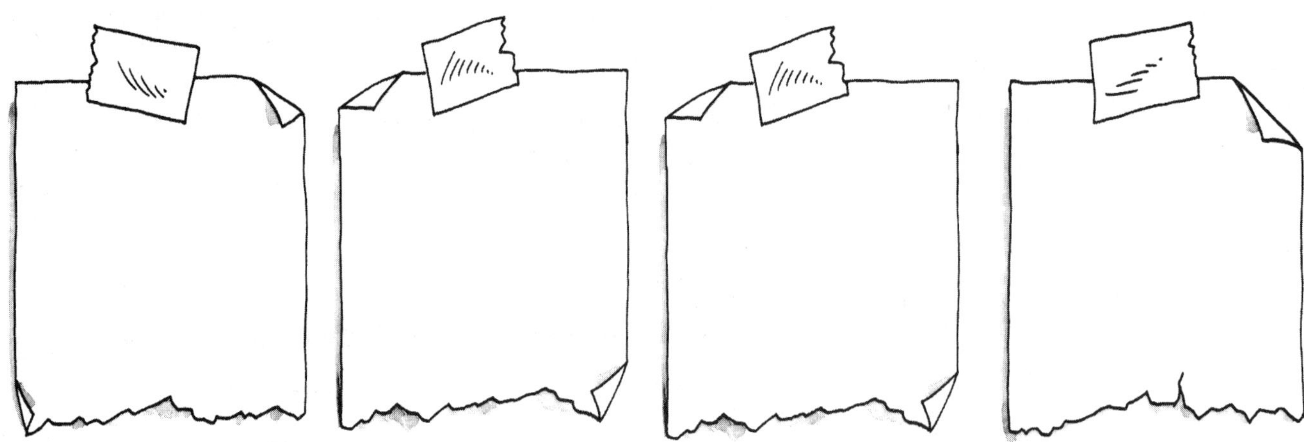

Nombre: ______________________ Fecha: ______________________

22-3 **Three of the following words do not belong to the same semantic field: *las herramientas.* Which ones? You can use your dictionary.**

bruja	destornillador	aguja	ratón	
gato	clavo	tornillo	cepillo	llave

22-4 **You need to borrow the following objects. How would you ask your neighbor? Explain what you need them for.**

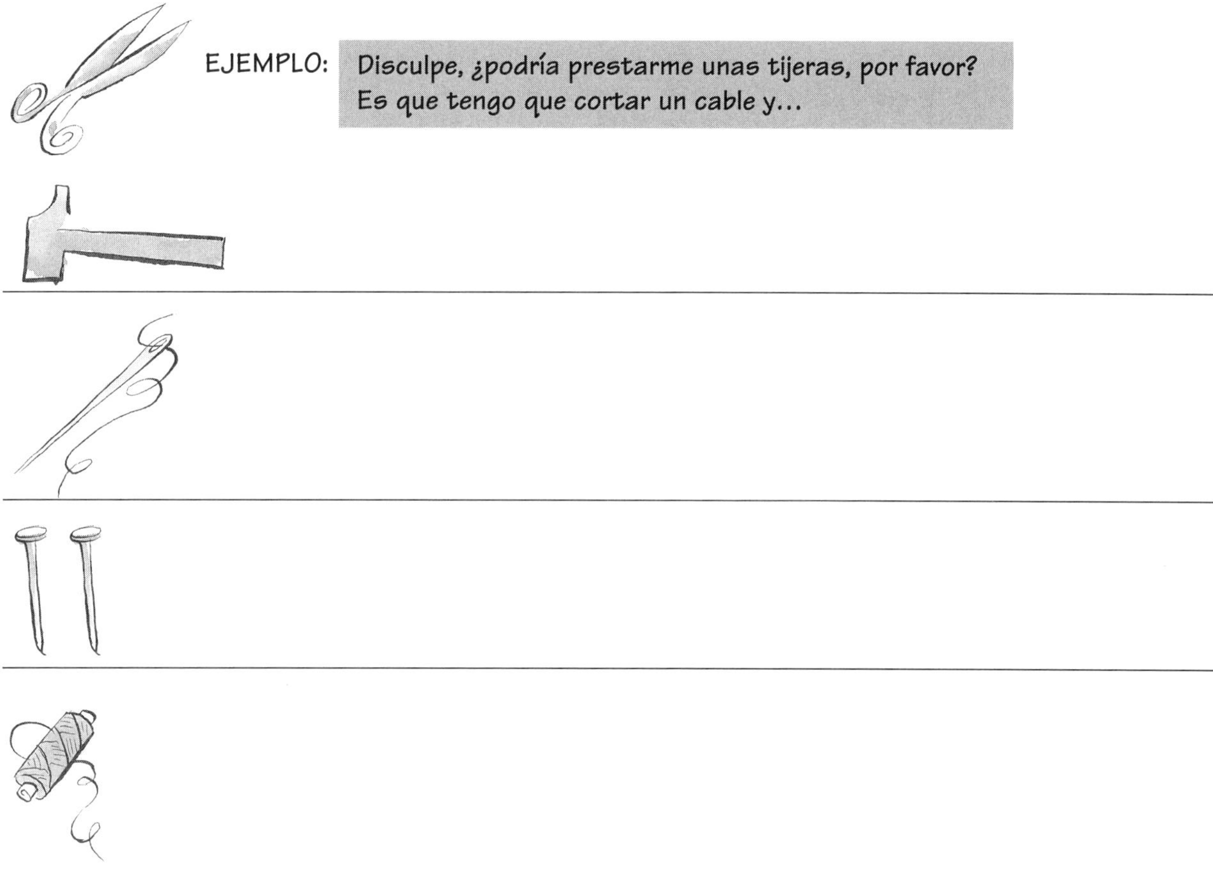

EJEMPLO:
Disculpe, ¿podría prestarme unas tijeras, por favor? Es que tengo que cortar un cable y...

22-5 **Three of the following verbs are not verbs of communication. Which ones? You can use your dictionary.**

agradecer	padecer	contar	explicar
pedir	prometer	proceder	proponer
responder	recordar	averiguar	sugerir

Nombre: ______________________ Fecha: ______________

22-6 **For each of the following situations, write a request using one of these expressions.**

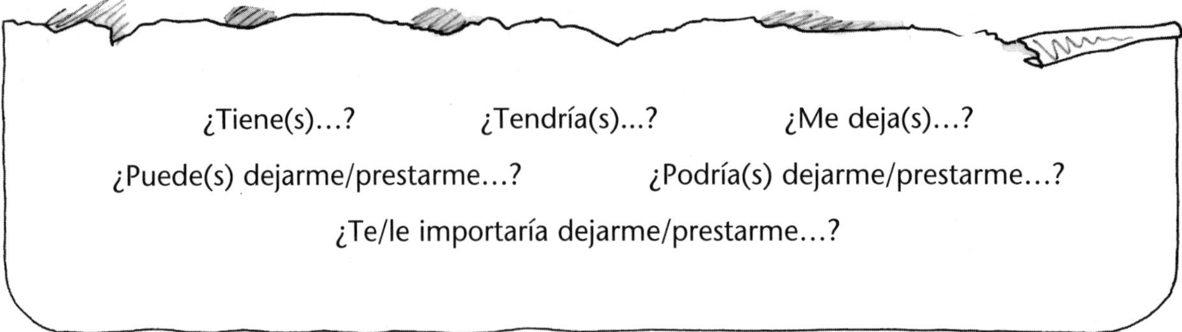

¿Tiene(s)...?
¿Tendría(s)...?
¿Me deja(s)...?
¿Puede(s) dejarme/prestarme...?
¿Podría(s) dejarme/prestarme...?
¿Te/le importaría dejarme/prestarme...?

NECESITAS PEDIR...

1. ...un diccionario a un compañero en clase.
   ____
2. ...dinero para el autobús a un buen amigo.
   ____
3. ...un bolígrafo al camarero de un bar.
   ____
4. ...el carro a un familiar.
   ____
5. ...el teléfono celular a tu jefe en el trabajo.
   ____
6. ...un suéter a un buen amigo.
   ____
7. ...el periódico a otro viajero en el tren.
   ____

22-7 **A family member is visiting you for a couple of days and asks you for permission to do the following things. How would you respond?**

1. • ¿Puedo cerrar la ventana? Es que hace mucho frío...
   ○ ______________________
2. • ¿Te importa si pongo este disco? Tengo muchas ganas de escucharlo.
   ○ ______________________
3. • ¡Qué hambre tengo! ¿Puedo probar este queso? Tiene un aspecto magnífico.
   ○ ______________________
4. • ¿Puedo fumar?
   ○ ______________________

Nombre: ______________________ Fecha: ______________

5. • Oye, hace mucho calor acá. ¿Te importa si abro un poco la ventana?
   ○ ____

6. • ¿Me permites llamar por teléfono? Es que mi novia está esperando mi llamada.
   ○ ____

7. • ¿Puedo hacer los pasatiempos de este periódico?
   ○ ____

8. • No se ve nada. ¿Puedo prender la luz?
   ○ ____

22-8 **Listen and complete the fragments of the conversations that Sofía had in her office.**

1. • Sí, dígame.
   ○ Soy Julio, de contabilidad...
   • Ah, sí, dígame.
   ○ ____________ me haga unas fotocopias por favor...

2. • ¿Dígame?
   ○ Sofía ...
   • Sí, dígame.
   ○ Oye, ¿____________ ir un momento a comprar papel de regalo? Es que...

3. • Dígame, señor Meyer.
   ○ ¿____________ un momento a mi despacho? Tengo que dictar unas cartas y mi secretaria no está...

4. ○ Oye, mi computadora está malograda y no puedo hacer nada...
   • Sí, ya he llamado pero no contestan.
   ○ Buffff... Oye, pues ¿ ____________ uso la tuya un ratito, cuando no la necesites?

5. • ¿Dígame?
   ○ Sofía, disculpa, ¿____________ papel para la impresora?
   ○ Papel, a ver, espera...

22-9 **Now write the different expressions for requesting things that you heard in 22–8, from most formal to least formal.**

+ formal ____________ ____________ ____________ ____________ ____________- formal

Nombre: ______________________________ Fecha: ____________________

22-10 **Listen to the phone conversations. The people who answered the calls wrote down these messages. Which message goes with each conversation? Complete the chart.**

LAURA:
Ha llamado Alberto. Te pasará a recoger a las 18h.
Ana María

Alberto:
Mamá pregunta si vamos a ir a casa este fin de semana. Yo sí que pienso ir. Dice que la llames.
Emilio

ANA MARÍA:
HAN LLAMADO DE LA GESTORÍA ALBÉNIZ. TIENES QUE PASAR A FIRMAR UNOS DOCUMENTOS HOY O MAÑANA, PERO NO MÁS TARDE.
PACO

PACO:
HA LLAMADO TU ESPOSA. LLÁMALA ANTES DE LAS 7h A CASA DE TU SUEGRA.
LAURA

LLAMADA Nº	HABLAN	EL MENSAJE ES DE	PARA
____	________ y ________	________	________
____	________ y ________	________	________
____	________ y ________	________	________
____	________ y ________	________	________

Nombre: ______________________ Fecha: ______________________

22-11 The Pereiras just received these letters from their son and daughter. Read them and pay attention to the information in bold. Then summarize that information using the phrases below. Make all the necessary changes in the sentences.

Queridos papá y mamá:

Antes que nada, **muchísimas gracias por acordarse de mi cumpleaños y enviarme el reloj.** Es precioso, de verdad. Les escribo para decirles que... **¡estoy embarazada otra vez!** El médico me ha dicho que ya es seguro y que nacerá en junio. **Clemente y yo estamos contentísimos.** Yo espero que esta vez sea niño, pero a Clemente le da igual. En cuanto nos arreglen el teléfono los llamo y les cuento más cosas, pero **¿por qué no vienen a vernos el próximo mes?** Un beso desde Caracas,

Carolina

PD: Nunca compren un celular Fonitel, son terribles.

Queridos padres:

Les escribo desde México. **Llegué hace dos días a Yucatán.** Es un lugar fantástico. **Deberían venir alguna vez.** La semana pasada estuve cenando con sus amigos Pablo y Raquel. Les envían muchos saludos. Miren, les tengo que pedir un favor: **¿pueden enviarme 500 dólares de mi cuenta del banco?** Perdí la tarjeta de crédito y ya casi no tengo plata.

Bueno, un abrazo a los dos de su hijo,

Rodrigo

P.D.: ¿Han visto a Carolina?

les anuncia que... | les recomienda que... | les agradece que... | les pregunta si... | quiere que... | les propone que... | les pide que... | les cuenta que... | les dice que...

EJEMPLO: *Rodrigo les pide que le envíen dinero porque ha perdido la tarjeta de crédito.*

____

____

____

____

____

____

____

____

Nombre: ______________________________ Fecha: ____________________

22–12 **Listen to the messages that some friends left for you. What exactly are they telling you?**

1. a) Te pide que lo/a llames por teléfono.
   b) Dice que va a llamarte por teléfono.
2. a) Te recomienda que vayas a su casa a cenar el jueves.
   b) Te invita a cenar a su casa el jueves.
3. a) Te recuerda que mañana es el cumpleaños de tu papá.
   b) Te dice que le compres algo a tu papá por su cumpleaños.
4. a) Te pide permiso para usar tu televisor.
   b) Te da las gracias por dejarle usar tu televisor.
5. a) Te pide que vayas al banco para una entrevista de trabajo.
   b) Te recuerda que tienes una entrevista en el banco.

22–13 **Complete these conversations with the missing possessive adjectives or pronouns.**

1. • Nuestros hijos pasaron las vacaciones en un programa de vacaciones útiles.
   ○ Pues __________ se fueron unos días con sus abuelos a la playa.
2. • Disculpe, ¿es __________ un carro rojo que está estacionado en la puerta?
   ○ No, no, __________ está en la puerta, pero no es rojo.
3. • Mis espaguetis están fríos, ¿__________ también?
   ○ Sí, la verdad es que no están muy calientes.
4. • Sr. Director, le he dejado los papeles en __________ despacho.
   ○ Muchas gracias.
5. • Yo invertí __________ ahorros en acciones, pero mi esposo prefirió invertir __________ en propiedades: compró un par de apartamentos en el centro.
   ○ Pero... ¿cuánto dinero tenían?
6. • Nosotros nos vamos a las montañas en verano. En __________ casa hace un calor espantoso en esta época del año.
   ○ Ah, ¿sí? Pues en __________ hemos instalado un aparato de aire acondicionado y está muy cómodo.

Nombre: ______________________ Fecha: ______________

22-14 **Write the first part of each of these dialogues.**

1. • ______________________
   ○ Pues la mía nunca me dio problemas.
2. • ______________________
   ○ Sí, claro. ¿El suyo no?
3. • ______________________
   ○ Pues en la nuestra no hace nada de frío.
4. • ______________________
   ○ Los tuyos también son muy bonitos, de verdad.
5. • ______________________
   ○ El nuevo de mi hermano también tiene *airbag*.
6. • ______________________
   ○ No, el suyo es marrón.

22-15 **You just arrived home and are listening to the messages on the answering machine. There are five messages for your roommate Carmen, who is in Chile. Take notes and write her an email with the main content of the messages.**

____

____

____

____

22-16 **While you were out today, you ran into these four people. Later, at home, you pass the content of your conversations to Raúl, your roommate.**

Sra. Maria	Manolo	Eduardo	Carlos
1. Oye, has engordado un poco, ¿no? ¿Por qué no haces la dieta que hice yo? A mí me fue muy bien.	2. ¿Les apetece a Carmen y a ti venir a cenar a mi casa? Yo cocino y ustedes traen el vino, ¿OK?	3. ¿Podrías prestarme tu carro este lunes? Es que llega mi mamá al aeropuerto por la tarde y tengo el mío en el taller.	4. Dile a Carmen que mañana le llevo los libros que me prestó.

1. He visto a ______________ y me ha dicho que ______________________
2. Me he encontrado con ________ y me ha preguntado si ______________________
3. He visto a ________ y me ha pedido que ______________________
4. He visto a ________ y me ha dicho que ______________________

Nombre: ______________________________ Fecha: ____________________

22-17 What were their original words?

1. Jorge: "____"
   Jorge me aconsejó que lleve un curso de informática. Dice que es muy práctico.
2. Marta: "____"
   Me ha llamado Marta y dice que si puedo prestarle el libro de cocina que compré en España.
3. Rosa: "____"
   Rosa pregunta en su carta si vamos a ir a visitarla este verano.
4. Luis: "____"
   Me ha pedido Luis que le lleve mañana a la oficina los discos que me prestó.
5. Pedro: "____"
   Pedro me preguntó esta mañana que desde cuándo tengo novio. ¡Y a él qué puede importarle!

22-18 Read this dialogue. Then, try to reconstruct the postcard that Isabel and Ramón are talking about.

- Ramón, mira, he recibido una tarjeta postal de Ana desde México.
- ○ ¿Y qué cuenta?
- Nada, que está allá pasando unos días con unos amigos y que lo está pasando muy bien.
- ○ ¿Y con qué amigos se fue?
- No sé, en la carta sólo habla de Javier y de un tal Lucas, que vive en ciudad de México y tiene también una casa en Oaxaca.
- ○ ¿No dice cuándo va a regresar?
- No, dice que ya nos llamará, pero pide que por favor pasemos por su casa a recoger el correo de su buzón.
- ○ Y que demos de comer al gato, claro.
- No, del gato no dice nada, pero envía saludos para ti.

____

____

____

____

Nombre: ______________________________ Fecha: ____________________

Autoevaluación

En general:	☼			
Mi participación en clase...				
Mis progresos en español...				
Mis dificultades...				

Y en particular:					
Gramática					
Vocabulario					
Pronunciación					
Lectura					
Comprensión					
Escritura					
Cultura					

Diario personal

Escribe un párrafo que refleje tus percepciones sobre esta lección, lo que aprendiste sobre la lengua española y sobre sus culturas, las dificultades, las cosas más interesantes, etc.

Notas